梦里梦外，

哪个是真的你?

中国解梦师解梦实录

女人真相

成实宗 著

中国商业出版社

图书在版编目（CIP）数据

中国解梦师解梦实录. 女人真相/成实宗著. —北京：中国商业出版社，2012.3
ISBN 978-7-5044-7614-2

Ⅰ.①中… Ⅱ.①成… Ⅲ.①梦－精神分析
Ⅳ.①B845.1

中国版本图书馆CIP数据核字（2012）第047546号

责任编辑：王 彦

中 国 商 业 出 版 社 出 版 发 行
010-63033100 www.c-cbook.com
（100053 北京广安门内报国寺1号）
新华书店总店北京发行所经销
北京慧美印刷有限公司

* * * * *

700 毫米 × 980 毫米 1/16 开 17 印张 220 千字
2012 年 5月第 1 版 2012 年 5 月第 1 次印刷

定价：32.90元

* * * *

目 录

上
三十前不怕
——青春上半场之爱、恨、情、愁

爱

爱，当然就要爱得痛痛快快、轰轰烈烈。然而，爱情有时候并不像你想象的那样，想怎样就怎样，而是一种身不由己的行为，一种完全忘我的投入状态。当你在反思自己的爱情时，这就表明爱已消逝。倘若爱已消逝，那你又该怎么办?

当你身处于一段恋情中时，你有没有清醒地意识到，你爱的到底是什么? 是一个活生生的能够被感知的人，还是一张戴着脸谱的画皮? 反过来说，你自己呢? 你是以赤裸的自己面对你所爱的人，还是以一张戴着脸谱的画皮面对他的? 因为这样做的结果是，你会获得什么样的爱情。

面对爱情，每个人都希望将自己最好的一面展示出来，以此获得对方的好感。然而，这是人性的弱点，表现了一时，表现不了一世。如果从一开始就抑制这种冲动，以自己的真面目示人，不管是丑也好、恶也好，其实你需要的，只是欣赏真实的你的那个人。因为你的丑在他那里不是丑，你的恶在他那里也不是恶。

这并不是说你要欣赏丑和恶，而是因为美丑和善恶的标准在每个人的心中，你不要过于担心自己。

柏拉图说："若爱，请深爱；若弃，请彻底。"一段投入的爱是人生最值得珍惜的礼物，人这一生至少该有一次，为了某个人而忘了自己，不求有结果，不求曾经拥有，只求在自己最美的年华里，遇见他，并且忘我地爱着……

你曾有过这样一种美得每分每秒都想掉眼泪的感情吗?

真正的爱，即使没有分手时的撕心裂肺，也会像树上的刀印，刚开始时好像无关痛痒，但是时间久了一定会留下疤痕，而围绕在疤痕周围的，是干涸了的泪浆。如果是更深刻的爱，则如同树的年轮一样，一圈一圈绕入你的生命之中，将你的心层层缠住，再没有空隙……

摸摸自己的心，你能找到刀留下的疤痕，抑或是缠绕着你的年轮吗?

你有没有拥有过一段被呵护的爱? 爱你的那个男人是如此成熟，如此优秀，他温柔地对待你，将你捧在手心里，为你处理一切事情，让你有着强烈的安全感和自豪感；他就像一堵墙，一座山，你随时都可以靠上去，不需要有任何担心。

深深地去爱一个人是幸福的，同样，被一个人深深地爱着也是幸福的。如果你一辈子没有体验过这种被呵护的爱，让你时时刻刻都想要将自己的幸福告诉所有人，那么下定决心去寻找吧，因为那是人生的琼浆玉露。

恨

爱有多深，恨就有多久。爱与恨是一种对立统一的情感，都是一种刻骨铭心的心灵体验，因此爱与恨是最容易转换的情感。这就造成了一个悖论：当你恨一个人时，你肯定不再爱他了；既然你根本不爱这个人了，为什么还要恨他呢？你为什么不把他放下，让自己解脱出来呢？所以说，恨是一种自我惩罚。你惩罚的不是别人，正是你自己。懂得放下的人，才是真正懂得爱的人。

1. 同事之死：不堪回首的遗恨 / 027

每个人都希望爱情能有美好的结局，然而人生无常，世事难料。当你遇到人生或者情感的变故时，怎么办？是让这份怨恨埋藏心底并因此影响你一生的幸福，还是与过去作一个告别？让过去的过去吧，让那个被怨恨伤透了的自己去死吧——只有这样，你才能够获得爱的重生。

2. 刺伤的是自己——分手之后的仇恨 / 031

女人通过恋爱来认识男人，通过失恋来认识自己。受到伤痛之后，如果不能放下怨恨，与过去告别，那就是对自己最大的惩罚。而这种惩罚十分可怕，可以令一个理智的人丧失理智，进入一种人不像人、鬼不像鬼的疯癫状态，直至欲生不得、欲死不能。

为什么要这样？你不是恨他吗，为什么要惩罚自己？这对于自己来说，不是双倍的损失吗？你想让谁得益呢？你想让谁得意呢？争口气吧。

3. 小怨恨大恩爱之“同床同梦”的小情侣 / 039

不是所有的恨都那么可怕。恋爱中，小情侣之间的一些小怒火、小怨恨有时候还是情感的黏合剂，也是对这种情感的考验，因为爱只是一种本能的情绪，不能让人格获得成长；而对矛盾和怨恨的处理方式，是在理性参与下的行为，如果处理得好，就会加深感情，所谓“不打不成交”、“床头打架床尾和”说的就是这个道理。

你有过青春的苦闷和怨恨吗？并不为某件具体的事情而烦，只是因为苦闷而苦闷、怨恨而怨恨——为某种不被人理解的理想，为某种不被人理解的苦闷，为某种无法发泄的情绪，为某种从童年开始就一直存在心中的情结。

苦闷和怨恨需要理由吗？为什么所有的事情一定要有个理由呢？而理由又掌握在长辈们的手中。这种没有话语权的苦闷让人有一种难以言说的愤懑，难道这不能成为怨恨的理由吗？

有时候，你会觉得自己的生活被搞得一团糟：工作不如意，情感不顺利，人际关系又陷入僵局。这时候，你往往很茫然，不知道为什么会这样。其实，问题还真的跟你的当下无关，解开问题的钥匙往往隐藏在你童年的成长经历中，就是那个时候的爱恨情仇。当你知道了这个答案之后，如果想走出来，真正改变自己的命运，那么请行动吧。

情

情是一种情怀，也是一种情结。它长留在你心中，挥之不去，如同你身上的狐臭一样，令你永远笼罩在某种氛围之中，不能自拔。这种情怀也好，情结也罢，有些是有益的，如对家人和亲人的情结；有些却是有害的，如对已经过去了的情感，但你却仍然沉溺其中。

当然，说到情，就不得不提到那种大家都秘而不宣的地下情……

一段已经过去的感情到底应该在心中留多久？一年？两年？十年？抑或一生？其实，多久都没有关系，关键的是你要摆正对这段感情的态度，它只是你美好的过去，但不能因此占据你现在的心灵。不是你的，再完美的情感，都不要再惦记。已经分手了的，就不要去计较是谁先提出的分手，为了什么原因而分手，因为那些已经不重要了……

2. 末日情怀之温暖的亲情 / 065

爱情令人肝肠寸断，而亲情却令人牵肠挂肚。有意思的是，这两种情感经常是此消彼长的。你在爱情和事业的激情中容易淡忘亲情，而在爱情失落、事业失败时，才会觉得亲情的重要性。这是不是太过势利或者说薄情了?

其实，不用自责，这是人类正常的情感体系。亲情就犹如你人生的一个灯塔，无论你行驶到人生的哪个阶段，也无论你遭遇到什么样的风浪，你只需抬起头来看，它就在那里。这时候，无论距离有多遥远，你都不会感觉到恐惧，而是有无穷的勇气和力量，去面对人生的一切——因为你知道，只要你愿意，家就在前面的转角处。

3. 差不多先生——旁观者情结 / 068

人生的舞台很宽广，似乎每个人都希望在这一舞台上展现自己。其实不然，有表演者就有旁观者，有些人并不愿意站在舞台中心在聚光灯下起舞，而是愿意默默坐在观众席上，冷眼旁观这一出出神经质般的人生闹剧。其实，这也是一种情结，一种不参与的情结。如同非暴力不合作运动一样，这也是一种人生的参与方式。

你是人生的旁观者吗？这个世界对于你来说，是不是如同隔着一层玻璃，既透明又无法触摸，将你隔绝在外……

4. 永远的寻找：怅然若失之情 / 076

当你没有得到某件东西时，会努力去寻找，希望得到。然而，当你得到它时，却仍然在寻找，似乎并没有得到。那是什么？对，是你的心灵，你的精神家园。人这一辈子如果能够找到自己的精神家园，那是一种幸运；如果找不到，就得不停地寻找……

愁

青春，再怎么自由洒脱，再怎么激情四射，也难以逃脱现实之愁。其实，“现实之愁”是个病句，这个句子本来是不存在的。因为现实并没有什么愁不愁的，现实就在那里，愁或者不愁，它就在那里，不增不减。愁的是你自己的心理。你给现实披上了一层愁的外衣，这层外衣就像皇帝的新装一样，是无形的，是你的眼睛被心灵蒙蔽之后所产生的。

你的内心过于渴望现实没有愁，这是一种不切实际的念头。其一，现实就摆在那里，这要看你从哪个角度去分析它，因为它有一个愁的角度，也有一个不愁的角度；其二，即使真的愁，也不要有愁的心理，你只需要有解决问题的态度就行——当你专注于解决问题时，愁就消失了。

会导致你心情不愉快，大不了回避了事，但要是回避不了呢？那就只能抓狂。令人抓狂到什么程度呢？潜意识竟然会让自己变性！

3. 拯救白素贞——理想与现实之愁 / 099

青春期是寻找自我、寻求自我认同的时期。这个时候，之所以会出现追星族，是因为人们想通过对偶像的崇拜来确定自我的存在。青春期的迷乱和波动，也正是人们对自我的不确定。这是寻找自我的一段必经历程，用不着大惊小怪。因此，青春期一个最关键的任务就是寻找自我。我是谁？从哪里来？要到哪里去？当这些问题得到答案之后，人就基本上变得成熟了。

4. 找不到回宿舍的路：寻找情感归宿之愁 / 101

情归何处？这是人生永恒的话题。每个人都希望能够找到自己的情感归宿。对于我们而言，情感归宿就像回家的路一样，熟悉而又亲切。即使闭上双眼，也不会迷路。然而，如果你没有情感归宿，即使睁大双眼，也会迷路——因为没有指引你前进的方向。

青春期所面临的最大困境就是找不到情感归宿，不知道自己需要什么样的情感，也不知道自己需要的情感到底在哪里。有时候，情感归宿之路就在你的脚下，但是你却看不见……

5. 倒在乱刀下——人生之愁狂想曲 / 112

对于青春来说，如同人生何处不相逢一样，人生处处都是愁，因为一腔热血不知洒向何处。你面临着情感的困惑、婚姻的不适、人际关系的困惑、事业的困惑等，如何突破呢？空有一腔热血是解决不了问题的。然而，你却难以平复青春的浮躁与内心的激昂，青春就是在这种激情昂扬中慢慢走向成熟……

下
三十后不悔
——青春下半场之酸、甜、苦、辣、咸

酸

所谓酸，可以理解为一种心酸。它是一种微笑背后的苦楚，是一种说不出的感觉，是一种不尴不尬的状态，甚至是一种难以说出对错的状态。在人生中，你经常会遇到这种状态，但却不知所措，不知如何去面对。

家庭中经常出现这样的情况，女儿与父亲走得过近，妈妈会吃醋；父母对姊妹中谁更好一些，另外一个会吃醋，这是亲情中存在的无意识争宠行为。如果摆到意识层面，每个人都不会承认自己有这种行为，都会认为谁对谁更好一些，没有任何关系。然而，在潜意识层面，这种行为确实存在。

进入青春下半场，同学聚会慢慢增多，大家该忙的人生大事都忙得差不多了，开始有时间怀念过去的青春岁月了。然而，参加过同学聚会的人都会有这样一种体验——同学聚会就像鸡肋一样，食之无味，弃之可惜。而且，每次聚完之后，心中都有一种酸酸的感觉，反正不知道是哪根神经被触痛了。

一个关于爱情最经典的选择题是：如果你的爱人一定要出轨，你宁愿他或她精神出轨还是身体出轨？不同的答案，表明了不同的爱情观。这就涉及外遇和偷腥的区别，外遇应该是一种精神出轨，而偷腥则可以理解为一种身体出轨。当你遇到这种情况时，首先要判断准确，然而才能根据自己的原则做出选择。

甜

甜，当然是好事情，是开心的事情，甜蜜的事情。然而，青春下半场的甜不同于青春上半场的甜。这种甜，更有内涵，更醇厚，可能还夹杂着其他味道，有时候还带有一种淡淡的哀伤……

苦

3. 异床同梦——现实之苦 / 173

我们经常会说到同床异梦或者同床同梦，这些都是很正常的事情。同床同梦，是因为家庭是一个整体，两个人会面对相同的问题，所以睡在同一张床上的两个人会对同样的问题产生类似的反应，从而做出同样的梦境。而同床异梦强调的是个体的独特性，每一个个体都是独特的，是别人无法代替的，所以即使两个人躺在一张床上，面对同样的问题，也会有不同的反应，这就是同床异梦。当然，如果心不在床上了，那就更加如此。

4. 寻找丢失的东西——心灵尘封之苦 / 178

在你成长的过程中，当你的心灵不能得到很好的理解时，或者说，当你的心灵屡次遭受现实的伤害时，你就会将它尘封起来，以免再次受到伤害。可是，这样做的结果是，你的心灵和人格就会停止成长。你的年龄在增长，身体在成熟，可是心灵却停留在过去的某个时刻，并没有随之成长。

直到某一天，一件偶然的事情，一次偶然的契合，不经意地触碰了你尘封已久的心灵，让你慢慢苏醒过来。这时，你才意识到自己曾经尘封了这样一颗心灵，而你已经浑浑噩噩过了那么多年……

5. 过关：生活之苦 / 181

生活之苦有很多种，不同的人面对的是不同的生活，因此也就有不同的苦楚。有时候，你似乎被生活之苦压得喘不过气来。其实，这是自己给自己施加压力。你要做的是，放下自己的心理压力，换一个角度、换一种心态去面对生活。这样，你就会觉得眼前豁然开朗。

辣

所谓辣，就是棘手的事情，就是你不得不面对但又难以处理和把控好的事情，如同火中取栗一样，如果处理不好，可能会留下一些后遗症。进入青春下半场，你会遇到很多棘手的问题，工作、感情、钱财、婚姻等，面对这些问题，你应该怎么办？

1. 房奴的压力之梦见钟镇涛 / 189

朋友之间借钱的事情，相信每个人都碰到过。“救急不救穷”，如果朋友真的有需要，那应该两肋插刀，但是如果情况并不是这样，就有点难办了。不借吧，不够意思，挂不住脸；借吧，可能会“肉包子打狗，一去不回”，而且你还很难开口去催他还钱。这年头，哪一分钱不是辛苦赚回来的，而且自己也是处处需要钱，也很缺钱。特别是那些当房奴，上有老、下有小的人，不仅每个月要还贷款，还要养家糊口，一旦断档，就傻眼了。

2. 愤怒——婚外恋之“辣” / 193

三十岁之后，人们一般都拥有了婚姻。而婚姻是一把双刃剑，如果你足够幸运，遇到了自己的终生所爱，那么你的故事就会如童话故事所描述的那样：从此，王子和公主幸福地生活在一起……

然而，人生总是充满曲折，并不是每段婚姻都能让两个相爱的人找到归宿感。当感情出现问题时，有人会通过一些情感补偿，或者说感情的尝试，来找到心灵的归宿，因而就产生了婚外恋。

3. 侍寝——亲情之“辣” / 197

姐妹之间的关系是这样的：如果年龄相近，则会有争夺父母之爱的潜意识；如果年龄相差较大，则会有监护与依赖之间的内在冲突。姐姐虽然会呵护自己的妹妹，但毕竟不是母亲，如果妹妹想当然地对姐姐提出母亲那样的要求，长此以往，姐姐一定会心理不平衡……

4. 老公与好友的暧昧：七年之痒 / 201

人人都知道七年之痒。夫妻结婚时间长了，感情没有当初那么浓厚了，怎么办？如何闯过这一关？是心生怀疑，从此猜忌，还是调整自己，提升自己，增进夫妻之间的感情？这就如同汽车保养一样，是趁机大修一次，使其旧貌换新颜？这不仅是在考验你的理性与勇气，还在考验你的智慧。

5. 鬼节做的梦——工作与情感之“辣” / 205

平静幸福的婚姻之中就没有波澜吗？不要太天真了，情感永远是起起伏伏的，只不过，你的理性在不断地压制和平衡这些波动，使你的生活处在稳定状态。情感的波澜对婚姻有害还是有利，这取决于你对待情感的态度。如果你能把它控制在理性范畴之内，那么这种波澜就对婚姻有利。因为它可以让你对两个人的情感关系认识得更加深刻，从而使你更加珍惜已经拥有的情感。但是，如果你过于情绪化，令其失控，那就是另外一回事了。

咸

所谓咸，就是重口味，不仅口味重，而且分量也重。我将重点而又复杂的梦境放在这一节中，是想把这些内容留给那些对梦和潜意识真正感兴趣的童鞋，因为只有想看完全书的人，才能看到这一节；也只有真正感兴趣的人，才会喜欢这种深入解析。不过，这一节的内容确实有点“咸”——不是情色，就是涉及很复杂的潜意识情感。我把重口味的内容留在最后，是为了让读者在看完全书之后，还会意犹未尽……

1. 世界末日的核泄漏——婚外恋困局 / 213

当你遇到一段婚外恋时，有没有想过结局会是怎样？大部分婚外恋的结局似乎都不怎么理想，为什么？是因为双方的期望值太高，还是因为彼此的伤害，抑或是因为经济利益的纠葛，以及所谓的青春补偿费问题？其实，如同家家有本难念的经一样，每一段情都有难言之苦。当这段情结束时，双方最应该做的是互相祝福，为了自己曾经爱过的人祝福。

2. 婚外孕困局之梦见江南春的孩子 / 220

人一生的感情哪会那么顺利，谁没有过行差踏错呢？特别是在个性张扬的青春期。如果你深陷一段婚外恋，难以自拔，你可能会想，自己现在追求的是一种情感的慰藉，也许随着时间的推移，你会慢慢从这一段感情中脱离出来。然而，造化弄人，正当你觉得一切都很好的时候，你却意外怀孕了，这无疑是将你们的关系推向了风口浪尖。

这时候，你面临很多选择：一、借此逼对方离婚，顺利“转正”；二、如果对方不答应，一意孤行生下孩子，独自抚养，算是借种生子；三、尊重对方的意见，如果条件不成熟或者没有未来，下定决心打掉孩子，以免使自己的人生一团混乱。你会怎么做？在这种时候，你考虑更多的是心中的怨恨，利益的得失，还是良心的安宁？

有些事情，当你遭遇时，你认为自己已经释怀了，你认为自己不会在意，然后就一笑而过了。然而，你是真的不在意吗？不是，这种怨恨积压在你的内心，令你的心情难以平复。但是，你却不知道是什么原因令你坐立不安，甚至寝食难安。

一般而言，这种情况，你是很难找到原因的。幸亏有梦境，因为梦不会撒谎，它会将你的内心呈现出来，告诉你它所受的苦难和它的不满。如果你读不懂梦境，就会失去一个了解自己和理解自己的机会，同时也会失去一个认识和掌控自己的潜意识的良机。

什么是地下情？地下情就是不能公开的恋情。为什么不能公开？因为有难言之隐。难言之隐又是从何而来？来源于社会规则和压力。这样说来，地下情到底算不算一种爱情？应该说，地下情比其他任何爱情都要浓烈，因为地下情所处的环境非常恶劣。一个人需要足够大的勇气，才能开始一段地下情。由此可见，地下情所蕴含的激情和能量是多么巨大！

当人们拥有一段地下情时，会有怎样的心理状态呢？下面，我通过四个梦例，向大家展示一下人们面对地下情时的各种心理状态。

总 序
梦是人格开出的花

曾奇峰

笼统地说，每个人都活在两个世界里，一个是现实世界，另一个是梦。分辨现实与梦，似乎是一件很容易的事情，但是往深处想，却并不容易。电影《盗梦空间》那个旋转的陀螺，在梦中也是可以倒下去的：因为梦可以呈现现实中的一切。

现实世界从来不是平面的，我们的过去会以丰富的形式和内容影响我们的现在，这使得所有的现实都有历史的纵深感。而梦比现实生活更加具有纵深感，因为我们的感觉器官在做梦的时候相对迟钝了，所以历史事件获得了跟现实事件一样的表达机会，从这个意义上来说，梦是一个时间搅拌机，它把过去、现在还有未来混在一起，让人活在一个更加有整体感的状态中。这让人想起铃木大佐的一句话：开悟，就是一种整体感。这样说来，梦中的状态，似乎比现实状态更有价值。

《金刚经》里佛如是说：人生如梦又如电。这说出了现实和梦的最大的共同点，即都不过是大脑和身体的电生理反应而已。从这个意义上来说，释迦牟尼是人类首个最伟大的电生理学科学家。我不知道我这样说，是褒佛还是贬佛？

构成一个人的梦的纵深感的内容有三个层面。第一个层面是整个人类的集体记忆。弗洛伊德赋予俄狄浦斯王的故事的意义，即对弑父娶母的禁忌，为什么基本适合所有文化中的个体？就是因为在我们记忆的最深处，都有这一共同的印记。

构成梦的第二个层面，是每个人类个体在今生今世的独特经历，特别是童年经历。学过精神分析的人都知道，这等于是在说这个人的人格特点。梦如其人，其实比文如其人、病如其人来得更加全面和深刻。

第三个层面是，这个人身处的现实冲突。这算是最浅层的了。而且，如果不考虑一个人的人格特点，这些梦里呈现的现实冲突，可以说并没有什么意义。

考察人类的集体记忆，一定是一件非常有趣的事情。但是，毕竟那些东西太深了，而现实冲突又总是跟个人人格紧密相连，所以，理解梦的核心，就是从梦者的人格入手。梦是一个人的人格土壤上开出的鲜花。

我的职业是精神分析，分析梦是我工作的一部分。但我对梦的兴趣跟成实宗兄相比，实在是非常小了。多年以来，成兄怀着对人类内心生活的极大兴趣，连续不断地记录和分析自己和他人的梦，成绩斐然，单就是几百万字的案例积累，就足以让我这个专业的精神分析师汗颜。

在成兄的文字里，梦所呈现的现实冲突、人格特点，像电影一样鲜活生动。如果说一切记忆都会寻求表达，那么，成兄的表达，对于他、我以及你，都有非同寻常的意义。

我知道这对我个人的意义：梦既是过去，也是未来，但最重要的，是理解我身处其中的当下。所以，梦非梦，梦是别样的现实，梦是我生命的本身。

祝成兄和所有喜爱成实宗作品的读者，有好吃、好喝、好玩，更有好梦。

2011年，于中秋节后的武汉

前言
做自己——三十前不怕，三十后不悔

人生应该怎么度过？没有人可以给出一个标准的答案。

为什么？因为人生就像打牌，每个人一出生，手中拿的牌就不一样——出生的地点不同，农村或是城市；出生的区域不同，东部或是西部；父母的状态不同，健全或是残疾；家庭的境况不同，富裕或是贫穷。

谁都希望自己出生时含着金钥匙，“我爸是李刚”。如果没有，至少经过后天的努力，有个郭美美那样的干爹。然而，人生之牌并不是我们自己可以掌握的，不幸的是，这副牌却在很大程度上决定了我们的一生。

那么，我们是不是就可以放任自流或者自暴自弃呢？

不是，如果我们面对手中的这一副“烂牌”就自怨自艾甚至怨天尤人，那么，我们的一生就会被自己给毁掉——人一出生，就不能“退货”，塞不回去了。面对这一无奈的状况，我们首先要做的就是在心中树立一个牢固的理念：天下没有最烂的牌，只有更烂的牌。

当这一理念在我们的心中牢固扎根之后，接着，我们要做的就是用手中这副烂牌去打败更烂的牌，这就是成功；如果我们能打败比我们的牌更好的牌，这就是成就。

我们想获得成功，全凭我们对人生的态度。我们有什么好害怕的呢？我们不是一副“烂牌”吗？我们输了，是因为我们的牌确实太烂了，那不怪我们。但是，如果我们赢了，那就是一种成功，说明我们是智勇双全的人，能够利用自己手中的这一副“烂牌”，打赢人生这场牌局。

我在心理咨询和解梦过程中，遇到了很多人，他们有太多的困苦、彷徨和怨恨。最让我不能理解的是，大部分人都明白问题出在哪里，自己应该怎么面对。可是，他们就是不愿采取行动，而是“愿意”停留在这种状态之中。原来，他们可以从中获得“益处”，因为这样的话，他们就可以为自己的失败和矫情找到借口，从而拒绝成长。

很多人跟我说，大部分的心理咨询都没什么用，我刚开始也比较认同大家的说法，因为中国目前的心理咨询行业还不够成熟，心理咨询师本身也需要成长。然而，越到后面，我越发现，原来这不是心理咨询师的问题，而是来访者本身的问题——因为他们除了有倾诉的需要，并没有成长的需求；他们沉溺在自己的自怜之中，需要的只是别人的同情和关注，但是不敢面对现实，做出改变。

这时候，我终于找到问题的根源了——心理咨询所能做到的，仅仅只是帮助来访者治愈心理问题，但是不能代替来访者自我成长。当来访者不愿意成长，而是在潜意识中很“愿意”留在过去的苦楚和情结之中时，心理咨询师是无能为力的。因此，中国心理咨询目前所面临的关键问题就是来访者的自我成长。只要能使来访者的人格获得成长，其他问题都是人生成长过程中无关痛痒的问题；只有人格成长了，这些问题才不会积累，才不会变成终生问题，反而会变成我们的精神财富。

没有独立的人格，就没有独立的自我。

那么，我们如何获得人格的成长呢？市面上有很多教人格成长的书，心理咨询师们也有很多技术来辅助我们。然而，我认为，无论怎么做，人格成长必须要过两道关。

第一道关就是勇气关。那就是面对人生的勇气，如鲁迅先生所言：“敢于直面惨淡的人生，敢于正视淋漓的鲜血。”没有勇气面对，如何谈人格的成长？

第二道关是智慧关。有勇无谋是解决不了人生问题的，勇气只是前提条件，要解决人生的问题，还得依靠智慧。什么是智慧？就是解决问题的方法和能力，就是“条条大路通罗马”，关注目标而不是关注路径，面对问题本身而不是问题所衍生出来的其他表象。关于智慧，有一句话说得很好：“没有解决不了的问题，只要我们真心想解决，我们一定会找到一个方法；否则，我们只会为自己找一个借口。”

因此，人格的成长其实可以用一个成语来概括，那就是“智勇双全”——用勇气面对人生，用智慧解决问题。如果我们能够做到这一点，基本上就拥有了健全的人格。我们手中的牌再烂，我们的人生也不会坏到哪里去。

这就是本文的主旨：三十前不怕，三十后不悔。是的，青春有太多的困惑和彷徨，令我们苦闷，令我们无所适从。然而，青春也拥有用不完的激情，只要我们把这些激情用对地方，用对方向，面对现实并解决问题，而不是转向内心，在自我冲突中消耗自己的生命能量，那么，我们的人生一定会更加精彩。

三十岁之前是青春的上半场，最容易出现的情况就是瞻前顾后，做什么事情都畏手畏脚，害怕失败，害怕被人笑话。要记住，我们本来就一无所有，怕什么失败？我们的人生是我们自己的，成败都由自己来承担，没有人会帮我们承担，因此，我们需要更大的勇气和更多的智慧去面对人生，以一种大无畏的精神和勇气去面对人生中所遇到的一切问题——情感变故也好，家庭变故也好，事业变故也好，健康状况也好。我们一定要知道，我们的牌再烂，也有比我们的牌更烂的人。在这些人面前，我们又有什么资格去自怨自艾甚至怨天尤人呢？

三十岁之后是青春的下半场，最容易出现的情况是患得患失。这时候的我们已经不能像三十岁之前那样轻装上阵了，我们背负了很多历史包袱，而且越背越重，压得我们喘不过气来，令我们步履艰难。然而，这就是我们放弃的理由吗？三十岁之后，我们更需要勇气和智慧，我们要有勇气面对历史包袱，同时也要有智慧解决历史问题——实在解决不了的问题，扔掉它又何妨！

最近，我看到一段印度灵性语录，很短但是很有用。这段灵性语录有四句话，大约是这样的：无论遇见谁，他都是对的人；无论发生什么事，那都是唯一会发生的事；不管事情开始于哪个时刻，那都是对的时刻；已经结束的，就已经结束了。

这就是本书要带给各位的心灵启发。书中各个梦境案例充满着青春的困惑和彷徨，不过，我要说的是，这又何妨！人生本来就只是一个历程而已，我们经历得越多，就比别人活得更有价值，因为我们在有限的人生中体验了更多的事情。当然，前提是，我们不是懦夫，我们敢于用青春赌明天！

上
三十前不怕

——青春上半场之爱、恨、情、愁

三十岁之前，是青春的上半场。

青春的上半场，充满着激情和张扬，也充满着忧愁和困惑。特别是在社会急剧变化的今天，在处处是诱惑但又是陷阱的今天，在刚刚脱离父母的呵护、走向社会和独立的时期，这时候，人生对于你来说是全新的课题。

这一时期，你将面对各种挑战、诱惑、困惑以及迷离，然而，这并不能阻挡你敢爱敢恨的青春：爱，就要爱得痛痛快快；恨，也要恨得淋漓尽致。你的自恋自怜情结和多愁善感的青春情怀，是你人生重要的体验，但不能成为你人格成长的绊脚石。这就像长途跋涉中在河边小憩，下过水了，湿过脚了，该收拾心情重新上路了，河边的杨柳再美，你也不能在树下躺一辈子了。即使在未来的道路上，你将面对的是人生的现实之愁，你也要勇敢地上路，不能让自己的人生之钟永远停留在那看似美好但却空洞无物的潺潺流水中……

面对人生，你就需要有这样的勇气，一种地球人都无法阻挡的勇气，去迸发你的生命能量，去追求你的理想，去挥洒你的青春。你现在可能真的一无所有，在这个时候，如果你依然畏手畏脚、瞻前顾后，那么难以想象未来的人生你该怎么度过。

人生最可悲的是丧失勇气。人生还没有开始，你就像个泄了气的皮球一样瘫在那里，你甘心吗？难道你真的不想鼓足勇气上场？哪怕在场上被人踢来踢去，那也是值得的啊。

经过“淬火”之后，你的人生才开始有意义，你未来的道路才开始变得宽广。从此之后，你就能从容地面对人生。不管发生任何事情，你都能够从容地做到：任它风吹雨打花落去，我自稳坐钓鱼台！

爱

爱，当然就要爱得痛痛快快、轰轰烈烈。然而，爱情有时候并不像你想象的那样，想怎样就怎样，而是一种身不由己的行为，一种完全忘我的投入状态。当你在反思自己的爱情时，这就表明爱已消逝。倘若爱已消逝，那你又该怎么办？

1. 画皮：爱的困惑

当你身处于一段恋情中时，你有没有清醒地意识到，你爱的到底是什么？是一个活生生的能够被感知的人，还是一张戴着脸谱的画皮？反过来说，你自己呢？你是以赤裸的自己面对你所爱的人，还是以一张戴着脸谱的画皮面对他的？因为这样做的结果是，你会获得什么样的爱情。

面对爱情，每个人都希望将自己最好的一面展示出来，以此获得对方的好感。然而，这是人性的弱点，表现了一时，表现不了一世。如果从一开始就抑制这种冲动，以自己的真面目示人，不管是丑也好、恶也好，其实你需要的，只是欣赏真实的你的那个人。因为你的丑在他那里不是丑，你的恶在他那里也不是恶。

这并不是说你要欣赏丑和恶，而是因为美丑和善恶的标准在每个人的心中，你不要过于担心自己。

估计很多人都看过电影《画皮》，周迅饰演的妖女小唯，每天都必须用画笔描那张人皮，修补瑕疵，以最好的面貌出现在自己心爱的情人（陈坤饰演的都尉王生）面前。由此可见，在心爱的人面前展现自己最好的一面，是人之常情。

然而，这种人之常情带给我们的又是什么？是我们自认为的那样，还是适得其反？让我们来看看一个类似于电影《画皮》的梦境吧。

梦境的开始，我已经不记得了，从记得的地方开始写起吧。

不知道为什么，我变成了僵尸，但不是一跳一跳走路的那种，而是脸上没什么肉，像是外国僵尸片中僵尸的脸，烂掉了的那种，很恶心。但是，我并没有看到自己的脸，只是这样觉得。然后，不知道为什么，我就晕倒了。

醒来之后，我看到了很多漂亮女人，她们的身材很好，相貌也很好。我知道她们也是僵尸，可是她们的脸却很漂亮。后来，其中一个女人告诉我，她们是用那个涂在脸上的，遮住脸上烂掉的地方。我顺着她指的方向看去，发现一个桌子上面摆着一堆乳白色的胶状物。我走到镜子面前，也想涂一点，可是却发现自己的脸已经被别人“修补”好了。我用手拨了一下，看到“化妆品”（暂且就把那个白色胶状物叫做化妆品吧）下溃烂的脸，很难看，我赶紧拍了拍脸，把它盖好。

第二段梦境有点模糊，我不太记得了，大概是我走出了刚才醒来的地方，来到了一个学校里面。我感觉自己很漂亮，别人应该看不到我漂亮的人皮下那张溃烂的脸了。后来，好像出现了一个男人，他走过来亲我的脸。我没动，但是很紧张，我担心一不小心会戳破“化妆品”，露出溃烂的脸。他好像也亲吻了我的嘴唇，但是我躲开了，因为嘴唇上也有“化妆品”。但是，我心理上是愿意接受他的亲吻的。后来，我不知道为什么就离开他了，那是一种很无奈的感觉。接着，我又回到了第一个梦境中刚醒来的地方。我对着镜子照了又照，似乎在检查自己的脸有没有坏掉，是不是还是那么漂亮。这段梦境很像韩国电影《美女的烦恼》中的一段情节，女主角整容之后非常漂亮，但是当男主角亲吻她的时候，她总是担心鼻子变形，同时也在担心自己塑造的身体暴露出整容的痕迹。

第三段梦境，不知道为什么，我们一群人被分成几组，然后在一间屋子里面杀恶魔。我手里有个带电的工具，一根棒子一样的东西，里面有两个管子，可以对接起来，类似于开关，只要接好，就能产生电。我在空中胡乱挥舞着电棒，但是很奇怪，我自己也是僵尸，不知道为什么却很怕恶魔。我不停地挥舞着电棒，好像可以碰到恶魔，把他电死。这时，天花板上落下很多星星碎片（类似于开晚会时撒下的那种亮亮的碎碎的彩带），越来越多。我什么也看不清楚，又怕恶魔，就努力挥舞着电棒。但是，我感觉自己什么也没杀死。不过，旁边有个人拿着本子，在记录我所杀死的恶魔的数量，好像是四个。

梦境就到这里了，然后我好像醒了，有点迷迷糊糊，后来的事就都不记得了。我分析了一下这个梦，应该跟感情有关。不过，我只是联系最近发生的事情分析的，不知道对不对。

看了这个梦后，我们基本上能够判断出梦境的主题。整个梦境讲的就是一件事情——掩饰。为什么要掩饰呢？因为遇到了心爱的人，而自己又缺乏信心，觉得自己没有表面上看到的那么美好（不仅仅是容貌，更重要的是心理），怕心爱的人发现真相之后会不再爱自己。

最后，梦女为什么要杀恶魔，这既是一种恐惧感导致的攻击行为，又是一种自我意识。梦女被自己的想法折磨，想要打消某种不好的念头，但是又觉得自己什么也打消不了，这一念头就像恶魔一样在内心滋生。但是，梦女似乎还是期待能够打消这一念头，因为最后有人记录她还是杀死了四个恶魔。

做出这样的初步分析之后，我给梦女发了一封邮件，内容如下：

是的，这个梦基本上表达的是你对目前这一段感情的态度。你似乎有点不自信，觉得自己配不上他。这也许与你过去的情感有关，也或许与你的自我认知有关。总体而言，就是你处于一种不自信和惶恐的状态，这说明你遇到了心仪的人，但是你对自己和这段感情严重缺乏信心。从梦境中，我还能看出，你有些犹豫。因为“你既是恶魔，又要杀死恶魔”，表现了你矛盾犹豫的心理。

你自己怎么认为呢？

邮件发出之后，我很快收到了梦女的回信，下面是回信的内容：

“你遇到了心仪的人”、“你对自己和这段感情严重缺乏信心”等等这些都是对的。为什么在梦里外表漂亮，实际却很丑陋呢？我一开始觉得，可能在别人看来，我很好、值得爱，但是我认为自己却没那么好，怕对方认识到真正的我之后，会讨厌我。

讲一下我的现状吧。简单地说，我现在有男朋友，可能在一起久了，有点平淡吧，我喜欢上另外一个男的，暂且称为B吧。我和男朋友连房子都买了，准备要结婚了。我们是同学，几乎所有人都夸我男朋友好，他确实对我也很好，所以我说不出分手这样的话。另外，分手还涉及一些经济问题，比较麻烦。如果和B在一起的话，一切都是未知数，可能有将来，也可能相处后觉得不合适，也要分手。

我有点矛盾，想为自己而活，但又怕伤害别人，可能也怕伤到自己，不知道怎么办。

这就是梦女的叙述。我们看到，梦女身处一段已经失去激情的感情之中，又喜欢上了另外一个男孩。我们不知道，这种喜欢，是因为平淡下空虚的心理需要慰藉所导致的，还是一种真正的爱情。在这种情况下，梦女陷入了矛盾之中，一方面想为自己活着，去追求这份感情，希望自己像《画皮》中的小唯那样，以最好的一面示人，但又担心对方知道自己的一些底细；另一方面，梦女又怕这样做会伤害现在的男友，并最终伤害自己，因为所有的一切都是未知的。因此，梦女陷入矛盾焦虑之中，这才有了后面关于杀死恶魔的梦境。其实，恶魔象征什么并不重要，重要的是这段梦境表达了梦女混乱焦虑的心理。

爱还是不爱，这是一个问题。怎么办？关键看梦女对待婚姻的态度。如果她认为婚姻是一个社会问题，涉及很多现实问题，她不会因为追求情感而放弃现实利益，那么，这个时候的变动是不利的，会导致不可知的风险；如果她认为婚姻是两个人的情感问题，没有爱情的婚姻是不道德的，或者说，她明白自己迟早会忍受不了这种没有爱情的婚姻。那么，长痛不如短痛，她应该勇敢地追求自己的爱情，即使头破血流，也不后悔。她已经深陷于一段没有爱情的情感关系之中，能够摆脱出来，何尝不是一种幸运呢？

2. 自责——忘我的爱

柏拉图说："若爱，请深爱；若弃，请彻底。"一段投入的爱是人生最值得珍惜的礼物，人这一生至少该有一次，为了某个人而忘了自己，不求有结果，不求曾经拥有，只求在自己最美的年华里，遇见他，并且忘我地爱着……

你曾有过这样一种美得每分每秒都想掉眼泪的感情吗?

你经常梦到被人责备吗？你会因为别人的责备而耿耿于怀吗？其实，梦中的责备与他人无关，往往是源于自己的内心，这是一种自责。下面这位梦女的梦境就是一例。

我梦到一个离家出走的小女孩，她小小的、瘦瘦的，穿着我平时很喜欢穿的格子短裙。天气很冷。第一天，她配了中长袜。可是，第二天，袜子好像丢了，她就那样直接穿着一条短短的裙子站在我家门口。我实在看不下去了，想回家拿衣服给她穿。我和她一起站在门口，犹豫要拿什么衣服给她穿。

我和她有一搭没一搭地说着话，又像是在自言自语："拿妈妈的衣服来吧，你穿着太显老了，不合适。"她说可不可以拿我弟弟的衣服来给她穿，我又告诉她，"弟弟的也不合适吧，我穿着都会觉得太大，都快要到腿弯儿了，你那么小，穿上得多大呀？"我们正在那儿说话呢，不小心被屋子里的妈妈听到了，她在院子里大声地指责我，不许我帮助她，因为她不喜欢离家出走的女孩子。

就在这时，以前和我很要好的一个女同事出现了。她拿了一件红色带帽子的T恤给她穿。我就很开心地和这个女同事聊天，说自己也有一件同样的T恤，四百多元买的呢。没想到，又被妈妈听到了，自然又是一番指责，责怪我怎么能买这么贵的衣服。我没有理会她的指责，转身进了屋，从自己的衣柜里偷偷拿了一条干净的小裤子，放在口袋里，准备拿给那个女孩……

然后，场景变成爸爸饿了，他想吃泡面。于是，我就去房间找热水，准备泡面给他吃。当我拿起暖水瓶的时候，总觉得水不够热，不能把面泡开……

接着，我又梦到男友早上要去上班了，我给他找当天要穿的衣服。我觉得天还蛮冷的，就去阳台上找刚洗好的那件棉衣。我把那件衣服拿下来的时候，发现它变厚了，里面变成了绒面，而且那个绒面还是豹纹的呢，很时尚。

这时，我的目光被阳台外面的景象吸引了，我发现下雨了，而且那雨滴落的速度好慢哦，像慢镜头一样，缓缓落下。我突然间意识到，这不是雨，而是雪呀！哈，我往外看去，果然漫天飞舞的都是雪花，远处的屋顶也都被白雪薄薄地覆盖了一层。我惊喜地叫道："快来看呀！下雪了！"男友也走到阳台上来了，看到我又是光着脚跑出来的，就抱起我，站在阳台上，顺着我手指的方向往外看，甜蜜地看着窗外的雪。

看了一会儿，男友就抱着我回到了客厅。他继续穿衣服，准备去上班。我看到男友穿了一件领子很低的衣服，太性感了，但是天气这么冷，我就很担心，于是让他再穿一件红色的保暖衣，这样既保暖又好看。男友乖乖脱了外衣，准备加上一件衣服（好像不是我喜欢的那件红色的，因为男友不喜欢红色）。

男友抬起手臂，我看到他宽厚的肩膀都出汗了，里面的白色背心也被汗打湿了，样子真的好性感哦。不过，我心里有点小自责，男友都是因为抱着我，才累出这么多汗的。房间里的暖气这么热，我还老是要求他穿这么多衣服，要是在外面还可以。他换了衣服，还被我缠着不能及时出门，所以才会这么热。

我想去帮男友穿上衣服，可是我的胳膊不小心碰到了男友的眼眶。男友叫着好痛，我心里很难受，也感觉到自己的胳膊确实痛痛的，心想我的胳膊都这么痛了，男友的眼眶得有多痛呀！心疼极了……

就在这时，我隐约听到了客厅的闹铃声。迷糊中，我好像醒了，男友也醒了。我的胳膊真的痛痛的，有点分不清楚，是梦还是现实，就赶紧问男友眼睛痛不痛……

还好，这只是个梦，我没有真的弄痛男友，要不然我真的会心疼死的。我怎么在梦里也这么毛手毛脚呀！

以上是全部的梦境。梦女想到了几点可能和梦有关的信息。

一是男友穿的羽绒服，我觉得确实有点旧了，又有点儿脏脏的，很想给他换新的！新的也一定会比这个更保暖。但是，男友总说不需要，身上这件还能穿，没必要浪费钱。所以，我就没有给他买，可总觉得自己没有照顾好他。

二是梦里的小女孩穿的中长袜子。这两天，我在找衣服的时候拿出来过，心想好久没有这样打扮过了。在北京，这样穿短裙袜子，会冻死的吧？

三是小女孩。白天，我刚认识的一个女孩说："你看起来穿得蛮厚的，可实际摸起来并不厚呀！"我还说："我不像你们会穿衣服，衣服看起来薄薄的，但是很保暖。"当时，我还想，她穿这么少，冷不冷呀。一个刚毕业的女孩子独自一个人在外面工作，应该蛮不容易的……

四是红色衣服。我想，快过年了，大家都穿红色的衣服才喜庆嘛！这个时候，穿红色的衣服会显得比平时更好看、更应景。不过，男友似乎没有这个想法，所以我也没有去买红色衣服。

五是梦里出现的那个以前和我很要好的同事。她是衡阳人，对我很好。这可能源于几天前我办理暂住证时，遇到了一个居委会阿姨。她看我身份证的时候，说她也是湖南衡阳人。当时，我突然想到我的同事也是衡阳人，但是并没有说出口。

六是下雪。我一直期待着北京下雪，也曾经跟男友讨论过北京怎么还不下雪这件事情。昨天晚上睡觉前，我还去阳台上看过一次，看看男友的那件棉衣干了没有，还看到窗户上有水蒸气，看起来就像是外面下雨了一样。

最后是方便面。虽然男友很少有吃方便面的机会，但他似乎还是比较喜欢吃方便面的。

其实，看完梦女提供的信息，这个梦就迎刃而解了。这是一个因为没有给男友买衣服而导致自责、内疚的梦，中间还穿插着一些自由联想。

这一梦境的渊源可能是梦女看到刚认识的女孩穿得很单薄，从而对这样一个刚毕业的女孩产生了一种怜悯，而这种怜悯触发了梦女对男友的母爱。因为男友的羽绒服早已又旧又脏，而且也不保暖，因此梦女一直想给他换件新的。但是，男友并没有答应，这就让梦女既心疼又内疚。

梦境的开始，当梦女看到那个瘦小而又穿着单薄的女孩时，就想方设法给她穿保暖的衣服，但是，似乎都不合适。这正是梦女想给男友买新衣服，可是没有得到他同意的写照。接着，妈妈发现了这件事情，于是大声责备梦女。其实这是梦女借助妈妈这一超我形象进行的自责。责备的理由并不重要，重要的是受责备这件事情。这说明梦女觉得自己应该受到责备。

接下来，以前的女同事出现了。这是一种自由联想，因为白天想到过，所以就在晚上出现了。这时，作为“超我”的母亲又出来指责，说梦女买那么贵的衣服。这可能源于梦女想给男友买新衣服时，男友觉得太贵了，所以梦女没有去买，从而产生的自责心理。但是，梦女没有理会，还是准备了小裤子给那个小女孩。这说明梦女还是打定主意要给男友买点什么，可能是另外一些小东西，可以用来弥补的。

然后，爸爸饿了，梦女想去给他泡方便面，可是面怎么也泡不开。这仍然是梦女因为不能照顾好男友所产生的焦虑和自责的体现。梦女觉得自己无能为力，不能解决这一问题。在这里，爸爸代指男友。

接下来的梦境是梦女的男友要去上班，梦女去阳台上为他拿洗过的衣服，发现衣服变厚了，里面还加绒了。这是一种典型的愿望达成的现象。没有新衣服，但可以把洗过的衣服当成新衣服。而且，她原来觉得男友的衣服不够保暖，现在发现衣服变厚了，还加绒了，这样就放心了。因此，梦境通过这一愿望的达成，缓解了梦女内心的焦虑和不安。在这种情况下，美好的事情就发生了，梦女盼望许久的下雪场景出现了，这同样是一种愿望的达成。

但是，这种情况并没有持续下去，梦女再次回到"现实"中来，回到自己牵挂的事情上来，那就是男友的穿衣问题。于是，又回到男友要去上班，梦女为他准备衣服的场景。这时候，梦女的内疚和心疼再次涌现出来。首先，男友因为抱她而累出了汗。接下来，她竟然不小心用胳膊碰到了男友的眼眶。梦女对男友的爱和疼是如此真切，以至于她有一种真实的疼痛感，即使醒来之后，仍然能够感觉到痛；以至于她分不清梦境与现实。这充分表达了梦女对于男友的心疼，以及自己不能很好地照顾他的强烈的自责。

就是这么一个简单的关于穿衣问题的梦。透过这个梦，我们看到的是梦女对男友的那份深情厚意，那种将自己所有的心思都放在男友身上的爱意。能获得这样一份情，梦女的男友是幸运的。然而，我们为什么不能说，能有这样一份忘我的情感，又何尝不是梦女的幸运呢？

3. 斑秃——爱的印记

真正的爱，即使没有分手时的撕心裂肺，也会像树上的刀印，刚开始时好像无关痛痒，但是时间久了一定会留下疤痕，而围绕在疤痕周围的，是干涸了的泪浆。如果是更深刻的爱，则如同树的年轮一样，一圈一圈绕入你的生命之中，将你的心层层缠住，再没有空隙……

摸摸自己的心，你能找到刀留下的疤痕，抑或是缠绕着你的年轮吗?

一位美女编辑做了几个梦，并且还自己尝试着解了梦。下面是她的自述:

这是我2010年元宵夜做的一个梦。梦很长很长，我只记得几个画面了。

【梦境一】

我被朋友拖进一家很有名气的理发店。在我还有点动摇的情况下，理发师和朋友极力要为我做一个发型，重塑我的形象。理发师花了不到三十分钟的时间，麻利地将我的一头鬈发剪成了短发，并大加赞赏。我看着镜中的自己，有些哭笑不得。

理发师的动作太迅速了，迅速到我还来不及犹豫和退缩。虽然我觉得这个新造型并不适合自己，但是朋友和发型师都认为非常完美。这时，我回想起自己的鬈发和最初的理想形象，大声喊道："我记得自己以前是留长鬈发的，我的鬈发呢？"看着地上被理发师剪掉的鬈发，我懊悔万分。我重新照镜子，想适应自己目前的新发型，可是始终觉得这不是自己想要的。但是，已经无法改变了。

我慢慢梳理着自己的短发，发现了一个天大的秘密：我的头顶中部有一条很长的秃斑，秃斑的顶部深深陷进了脑里，十分恐怖。我内心迅速一惊，身体猛地一抽，感叹自己为什么以前没有发现。可是，我已经无力回天了。从今以后，我只能戴着帽子出门了。

【梦境二】

我回到老家，一个大伯要来我们家，家里人要我去买烟，因为大伯喜欢抽烟。我出了门，进了集市。我家在农村，买不到什么好烟。我一家一家地挑选，最好的烟也是那些我很少听过名字的烟。我买了一包就离开了。

中途，我发现了很多小店铺，有些开业了，有些还在装修。老板都是年轻人。有一些假花，我很喜欢。四处洋溢着一种满足感，一种平淡的生活的感觉。我觉得这样的感觉很熟悉，也很温馨。

回家途中，我无意间遇到了大伯，他手中拎着一条小鱼。我邀请他回家吃饭，他不肯，说不麻烦我们了。我上前拽住他的胳膊，挽着他朝我家走。心里又突然想，乡下人的言谈举止比较保守，我这么大方，也许会招人误会。然后，我松开了手。如果大伯不肯去我家吃饭，那就顺其自然吧。

这个梦已经过去一年了。那时候，我刚与男友分手三个月。回老家过完年后，我回到北京，开始工作。那段日子，我的心像死了一般，麻木不仁地生活着。我连续做了半年多的噩梦，醒来后，不知道自己是生是死。我不记得这个梦是在什么情况下被自己记录的。今天，我无意间翻开自己的文件，发现了这个尘封一年多的梦，欲重新解开。

【梦境一：剪发】

在朋友和理发师的极力劝说下，我剪了头发，换了造型。可是，我却很不适应。

我曾经有过一段很深的感情，算是不伦之恋吧，为现实社会所不容。长期的隐秘和压抑在我的内心纠结着。最后，在现实的逼迫下，我结束了这段感情，和男友分手了。可是，我的内心深处却充满了纠结和痛楚，觉得这段感情是自己真正渴望的。所以，我在梦中没有接受新造型。

然而，这段感情也给我带来了很大伤害，因为是男朋友先放弃的。虽然感情维持的时间并不长久，但我却付出了全部的身心。这段感情在我的心里烙下了很深的印记。我想，这应该是“我的头顶中部有一条很长的秃斑，秃斑的顶部深深陷进了脑里”所要表达的象征意义。

在梦中，我想到自己以后就只能戴着帽子出门了，表达的是对这种伤痛的无奈，我只能强忍着内心深处的伤痛，不能示人，也只能强装正常地出现在人们面前。

【梦境二：吃饭】

买烟，我无法理解。梦中的假花，我把它比喻成自己和男友的感情，虽然不真实，但是我非常喜欢。梦中的大伯，我觉得他象征着我前男友。大伯手中的小鱼，我还没想好怎么解释。大伯最终没来我家吃饭，隐喻我们分手了。因为前男友最终没有选择我，所以我最后感叹“顺其自然吧”。

这个梦就像一个故事。梦虽很短，但是里面有故事。在梦中，梦女用剪发来阐释分手之痛。这个梦深刻表达了梦女的内心需求与现实的矛盾，以及不伦之恋对她的身心带来的伤痛。

【梦侦探点评】

梦女的分析基本上是准确的，特别是对第一段梦境的分析，因为这一段梦境具有更为明显的象征意义。

在与前男友分手之后，梦女一直沉浸在过去的那段恋情之中，虽然这段恋情是一段不伦之恋，是没有结果的。从理智上来说，这段恋情结束得越早，对梦女就越有利。其实，梦女也知道这一点。但是，人并不是十分理性的动物，有时会比较感性。虽然分手了，梦女还是非常怀念自己跟前男友在一起的时光。就如同梦境中所展示的，虽然是“假花”（镜中花，水中月），是随时都可能破裂的肥皂泡，但是梦女仍然喜欢。

在朋友看来，这种状态显然对梦女的未来发展不利。因此，朋友经常规劝梦女彻底放弃过去，抛弃任何幻想，面向未来，改变自己的心态。在梦境中，就表现为让梦女改变形象。于是，梦女在朋友的规劝下，半推半就地改变了自己，希望与过去决裂。但是，现实情况是梦女仍然难以与自己的过去决裂。要忘记过去，重新做人，是一件多么艰难的事情啊。

梦女难以适应这种改变，还是沉溺在过去，并且给自己找了一个充足的借口：一条横跨头顶的斑秃，而且深深陷进了脑里。这种明显的伤痕是那么容易掩盖和抚平的吗？当一个人不想改变自己的时候，他会找无数个借口；当一个人真的想改变自己的时候，他就会找无数种方法。

这是第一个梦的寓意，表达的是梦女在面对现实做出改变时的不适应的感觉，以及寻找借口沉溺于过去、不愿意改变自己的心理状态。

第二段梦境的寓意更加隐晦，梦女的自我分析还不够深入。

首先，梦女认为大伯隐喻为前男友，这一理解是正确的。大伯要来家里，家里人要梦女去买烟，因为大伯喜欢抽烟。这一段表达的是梦女对前男友的怀念以及自己内心的期盼，希望能够跟前男友重归于好。去买烟，其实就是投其所好。梦女在想，她要怎么做才会获得前男友的青睐呢？但是，即使梦女一家一家地挑选，发现最好的烟也是她很少听过的。这表明梦女很难找到对症下药的切入口，她不知道怎么做。

接下来，是梦女对世俗生活的一种肯定和向往，也表达了她的无奈心情。如果与前男友在一起，就能过上不同于世俗的生活，但是那种充满激情的生活是现实社会所不能容的；如果不与前男友在一起，虽然缺乏生活的激情，但也会有一种世俗生活的平淡和幸福。其实，这也是梦女的精神安慰，她想通过这种精神安慰获得释怀。

最后一段，梦女在回家途中遇到了大伯，他手中拎着一条小鱼。梦女邀请他回家吃饭，他不肯，说不麻烦她了。于是，梦女上前拽住了他的胳膊，想强邀他回家吃饭。后来，梦女又意识到强扭的瓜不甜，既然大伯不肯去她家吃饭，那就顺其自然吧。

在这里，梦女不明白大伯手中拿的小鱼是什么意思。其实，大伯手中拎着一条小鱼，表明大伯已经有吃的了。这意味着梦女在潜意识中似乎已经感觉或者猜测到前男友应该“手中有鱼”了。虽然梦女仍然希望前男友能够回心转意，但是她在最后却意识到，这种事情不能强求，还是一切顺其自然吧。这既表达了梦女内心深处对前男友的怀念，也表明了她对这件事情的态度。这是一种理性态度，也是一种在感性与理性斗争下的无奈选择。

4. 爱的陶醉：最好的川菜馆在哪里？

你有没有拥有过一段被呵护的爱？爱你的那个男人是如此成熟，如此优秀，他温柔地对待你，将你捧在手心里，为你处理一切事情，让你有着强烈的安全感和自豪感；他就像一堵墙，一座山，你随时都可以靠上去，不需要有任何担心。

深深地去爱一个人是幸福的，同样，被一个人深深地爱着也是幸福的。如果你一辈子没有体验过这种被呵护的爱，让你时时刻刻都想要将自己的幸福告诉所有人，那么下定决心去寻找吧，因为那是人生的琼浆玉露。

一位沉浸在爱河之中的梦女做了一个梦，梦境如下：

我梦到自己去香港玩，刚刚过了香港边境，在一条交通要道上打车，正准备去最繁华、最有代表性的街道玩。我打的车是一部很旧的出租车。上车后，我就问司机香港回归时中英交接的那条有紫荆花的街道叫什么名字，我们就去那里。一路上很顺畅，司机带我去了那里。我对那条街道并没有任何印象。玩了一会儿，马上就回来了。回来的时候，我还是坐这个司机的车，并回到了深圳。

没过多久，表妹来找我玩了，我就想，也带她去香港玩吧。和我上次的经历一样，还是过了香港边境之后，在那条交通要道上，好多人都在那里等车。我们离人群远远的。我伸出手去，刚好一辆出租车就停在我们面前。我一看，旧旧的，还是上次那辆，但是车的前面坐了一个人。司机也认出了我，看到我们要坐车，就请那个人（似乎是他亲戚或者朋友）下车了。上车之后，我告诉他，我们还是要去上次那条有紫荆花的街道。虽然他的车旧旧的，表妹也在，但是我却没有想去打旁边的新车。因为我觉得这辆旧旧的车才能真正代表香港的历史文化，是有沉淀、有故事的。司机带我们去了那里，他人很好，因为我对香港也只是一知半解，所以他就给我们做了详细介绍。很快，我们看完了那条街道。刚好，深圳来的其他人也要回去。他就好心地让他们上了车，因为都顺路。当我们到达香港和深圳口岸交接的地方时，我突然很想邀请他到深圳去玩，以此来感谢他对我们的热情招待。车上同行的人也都欢呼同意。

于是，我们就一起回深圳了。我很想好好地谢谢他，就问他想吃什么，是粤菜还是川菜。他似乎对川菜情有独钟，因为粤菜他经常吃，到了内地就一定要吃点特别的。于是，我就满大街地寻找。我平时去的都是小店，难登大雅之堂，我很想带他去最高档的地方吃川菜。我问路边的阿姨，问便利店的小妹，问放学嬉戏的学生，问我所见到的每一个人，“你去过的最好的川菜馆在哪里……你去过的最好的川菜馆在哪里……最好的川菜馆在哪里……”我一直在问，一直在问，一直在重复这句话……

梦境就是在我的问话中结束了。

我们来看这个梦，梦境大抵分为三段。

梦境第一段，梦女去香港最繁华的地方玩，一过境就站在一条交通要道上，并打到了一辆出租车。虽然出租车很旧，但还是顺利完成了任务。这一段的主题就是体验繁华（香港最繁华的地方），并且还走了捷径（交通要道）。

梦境第二段，梦女再次去香港，并且坐的是同一辆车，而且司机为了载她们，还让自己的亲戚或者朋友下车了。这一段表达的是再次体验繁华。梦女坐的是同一辆旧车，表达了一种怀旧情怀。司机的行为，表明梦女很受重视，受到了优待。在这一段里，梦女对旧车进行了诠释，觉得它表面看来不是一辆新车，但却更能代表香港的文化历史，是有沉淀、有故事的。

司机是那么好的人——不仅对梦女好，而且还助人为乐。这让梦女十分感动，为了表示感谢，梦女觉得自己应该为他做些什么。于是，便邀请他一起去深圳玩。车上同行的人也都欢呼同意，这其实体现了梦女内心深处的强烈愿望，她为自己的这一想法而激动。

梦境最后一段，只有一个主题，那就是“最好的川菜馆在哪里”。然后，梦女就在反复的喃喃自语中醒来。

那么，这个梦境到底表达了什么意思呢？如果我们将旧旧的车跟自己合二为一，将其看成同一件事、同一个人，这个梦境就迎刃而解了。

旧旧的、有沉淀、有故事的车，不就是有内涵的成熟男人吗？那么，这个梦境要表达的意思就是：梦女与一个有内涵的成熟男人曾经体验过人生的内涵，并且多次体验过。这对于梦女来说，就如同走了捷径一样，因为只有和有内涵的成熟男人在一起，才能比同龄女孩体验到更多的人生内涵。

这个成熟男人对梦女如此之好，关怀备至，而且总是把她放在优先位置。在她最需要他的时候，他总能出现在她的身旁。这个成熟男人不仅对梦女，而且对所有人都很好，这让梦女对他十分赞赏，并且总想为他做点什么，以表达自己内心的感激之情。

做点什么呢？其实，并不是吃川菜那么简单，而是要表达梦女内心的感慨，“最好的川菜馆在哪里”正是表达了这种感慨，这是一种自豪感的体现，表达了梦女对这个成熟男人的高度赞赏。这个男人应该是一个四川人，而梦女在内心深处认定他是最好的四川男人。梦女想向全世界的人宣告这件事情，于是，她问遇到的每一个人，“你去过的最好的川菜馆在哪里”，意思就是说，你知道最好的四川人是谁吗？他就是我的男友，他是四川最棒的男人！

透过这个梦境，我们可以看到，梦女沉溺在爱河之中，对自己的男友有着近乎崇拜的爱。她被男友深深折服了。因此，有关男友的一切都成为梦女所喜爱的事情。男友在梦女心中的形象非常高大，让她觉得男友是所有人当中最优秀的。

你在恋爱中有过这样的感觉吗？这样一种幸福的感觉，一种爱的晕轮。其实，这才是真正恋爱的感觉。如果你没有体验到，那你是不是应该对自己的爱进行反思呢？

恨

爱有多深，恨就有多久。爱与恨是一种对立统一的情感，都是一种刻骨铭心的心灵体验，因此爱与恨是最容易转换的情感。这就造成了一个悖论：当你恨一个人时，你肯定不再爱他了；既然你根本不爱这个人了，为什么还要恨他呢？你为什么不把他放下，让自己解脱出来呢？所以说，恨是一种自我惩罚。你惩罚的不是别人，正是你自己。懂得放下的人，才是真正懂得爱的人。

1. 同事之死：不堪回首的遗恨

每个人都希望爱情能有美好的结局，然而人生无常，世事难料。当你遇到人生或者情感的变故时，怎么办？是让这份怨恨埋藏心底并因此影响你一生的幸福，还是与过去作一个告别？让过去的过去吧，让那个被怨恨伤透了的自己去死吧——只有这样，你才能够获得爱的重生。

有一天，我的一个朋友告诉我，他很羡慕我。

我说我有什么好羡慕的。他说他很羡慕我有那么多粉丝，而且每一个人看上去都跟我很贴心，他们都会把心中的秘密告诉我。

我听后哑然失笑，心想，呵呵，原来他是羡慕我有这么多红粉佳人啊。其实，我的粉丝不仅有女性，还有很多男性。只是由于性别特征不同，男性很难吐露自己内心的秘密，而女性更愿意向我倾诉她们的内心感受，所以大家看到的梦例中，女性比男性多。

一提起我的粉丝，我的心情就十分愉快。因为他们与我分享了自己对人生的感悟，我在他们身上也领悟到了很多人生道理，这就叫做教学相长。

更让我感到高兴的是，由于我给粉丝解的梦多了，我能感觉到一些粉丝的人格在不断成熟和完善，能以一种更加宽容和客观的心态来看待周围的人和事物了，也能更加从容淡定地面对人生了。每当想到这里，我就感到特别欣慰。

更令我欣慰的是，有一些粉丝竟然能够学以致用，不仅能够分析自己所做的一些简单的梦境，从而使自我的心灵得到释怀，还能小试牛刀，帮周围的人解梦。有时候，他们甚至能做出精彩的分析来。这真是太令我欣慰了！

这样的案例越来越多。下面这个案例就是其中一个颇具慧根的粉丝学生给她的同事解的梦。我觉得她分析得非常精彩。而且，她对解梦的精髓把握得也十分准确，所以能够完美地解析这个看似毫无头绪但却内有乾坤的梦。

整件事情是这样的：

我的学生在某集团公司总部上班。一天，一位女同事从南宁分公司调到总部来上班，恰好和她是同一个部门的。下午快下班的时候，这位女同事无意间告诉我的学生，她来总部后，做过一个很奇怪的梦。她梦到公司一位叫做林风的同事忽然间死去了，而她看到林风死去，竟然一点也不伤心，反而很轻松。

这个梦就这么简单，却令梦女百思不得其解。梦中的同事林风，梦女只闻其名，但从来没有见过面，也没有和他有过任何交流，所以两个人不可能有什么恩怨。为什么梦女会恨不得同事林风死去呢？

我的学生听了这个梦之后，也觉得很迷惑。冷静下来之后，她就想到了我平常所说的“梦是心灵的舞台，梦其实是我们躲躲闪闪的心灵”。她想知道，梦女心里到底在想什么，这个梦所表达的主题是什么。

于是，这位学生迅速展开了分析。从表面上看，虽然梦女和同事林风都是同一家公司的员工，但是没有任何交集，从未见过面，也未通过电话。不过，她相信这两者之间必定会有什么共同点或者必然的联系。

想到这一点，学生灵机一动，想起梦女从南宁分公司调到总部之前，同事林风曾是总部轮岗的员工。并且，在梦女调来总部的同时，林风则被调往南宁分公司。但是，这两个人并未在此次调动途中碰过面，也未在总部或南宁分公司有过照面。那么，既然两人从未打过照面，这个梦究竟又是怎么一回事呢?

这里面一定有原因。学生经过分析，觉得“南宁”这个共同点，似乎和这个梦有着某种必然的联系。

学生进一步分析了梦女和林风之间的相同点，发现这两人的工作经历及身份有很多相似的地方：两人都是以应届毕业生的身份进入这家公司的，只是林风是2007届，梦女是2008届；两人都是先在总部工作一段时间后，再到不同地区的分公司去工作，之后又在不同时期被调回总部工作。现在，又有一个共同点，那就是梦女刚刚被调入总部，林风就调到梦女原来工作的南宁分公司。更重要的一点是，梦女是人事部门的员工。所以，上述这些共同点以及林风调动工作的事情，梦女应该都是知道的。而这些，就是梦境产生的原因。

于是，我的这位高徒就大胆猜测：是不是梦女在南宁发生了什么事情，对她的触动很大，她不愿意说出来。所以，在梦中，她的潜意识会不自觉地把同事林风作为一个象征物表现出来。梦女看到林风死了，也不伤心，反而觉得很轻松。这是否意味着梦女在与过去挥手告别呢？她认为在南宁的那个“自己”已经死去了。

有了这种猜测之后，学生再次与梦女进行了沟通。

果然，经过一番沟通之后，梦女告诉学生，她在南宁确实经历了很多事情。她和相恋七年的男朋友在南宁分手了，并且产生了许多让她无法面对的人生困境。这对她的生活及事业产生了极大影响，也让刚毕业一年的她无法承受。

梦女说，在南宁的这段时间里，她经历了人生最灰暗的时期。而这次的工作调动，让她告别了南宁这个伤心地，并且有了新的希望。

梦的主题就此揭开了。原来这个梦是梦女在与过去的自己剥离。梦中的同事林风其实就是梦女自己，她认为过去的自己已经死了。“而她看到林风死去，竟然一点也不伤心，反而很轻松”，更是表明了梦女在与过去的自己轻松地告别。

下班之后，学生告诉梦女，这个梦真正表达了她那躲躲闪闪的心灵。其实，她是想告诉自己：这点挫折没什么大不了的，再重新开始就好了！

梦女听了学生的这番话后，表示非常赞同，并且说了一些她刚才没有讲过的细节。她本来是不打算对任何人说起这些事情的（因涉及梦女隐私，这里不便透露具体事情，只能说她确实经历了很大的人生变故）。

这就是我的这位高徒对一个梦境所作出的精彩分析。需要补充的是，自从她为梦女完美地解完这个梦境之后，便和梦女成了无话不说的好朋友。

我们看到，在这个梦里，梦女用一位并不认识但却与自己有着类似经历的同事指代自己。当这位同事调到自己曾经待过的城市时，她梦见他死亡了。而通过这样一个象征性的事件，梦女获得了心灵的解脱，将自己在那个城市发生的人生和情感变故归零，并与之告别，不再让过去的情感包袱压在自己的心上，从而开始一段新的人生。

我要说的是，梦女的这种心理是值得赞赏的。她并没有沉溺于过去，也没有自暴自弃，而是与过去告别，面向未来，这值得我们学习。

2. 刺伤的是自己——分手之后的仇恨

女人通过恋爱来认识男人，通过失恋来认识自己。受到伤痛之后，如果不能放下怨恨，与过去告别，那就是对自己最大的惩罚。而这种惩罚十分可怕，可以令一个理智的人丧失理智，进入一种人不像人、鬼不像鬼的疯癫状态，直至欲生不得、欲死不能。

为什么要这样？你不是恨他吗，为什么要惩罚自己？这对于自己来说，不是双倍的损失吗？你想让谁得益呢？你想让谁得意呢？争口气吧。

这是一位颇有名气的网络美女作家给我写的信：

多年以前，我只知道学习和工作，从不向别人敞开心扉。终于有一天，我鼓起勇气，想要自己勇敢一点，却得到一个让人欲哭无泪的结果……自从那个男人背叛我之后，我就一直在梦中想让他死。每次，我都是拿着刀向他扑去。最近，我做梦总是在杀小狗，把成群的小狗都弄死了。醒来之后，我看到自己最喜欢的小动物，也麻木了。我总是想让那个男人去死。我怀疑自己的精神是不是出了问题，或者是心里不甘，无法释怀。

以前的男朋友对我很好，可我没有珍惜，结果错过了。我想可能是自己太忙，疏忽了男友对我的关心和照顾，所以才导致他跟我分手了。我认识到了自己的错误，就对自己说，假如再有缘分，我会用百分之二百的付出来弥补原来的过错。

后来，我认识了网络男，他是开公司的。起初，我觉得他是真心对我，所以在公司业务关系上，我竭尽全力帮他。后来，我才发现，这个男人就不是人，花我的钱不说，而且还小气到了极点，就连分手也要钱，还在我的朋友面前说我图他的钱。我有工作，自己写的书也很有市场，我完全不缺钱。而他竟然如此恶毒地攻击我！我以为爱情是真心付出就可以得到相应的回报的，没想到自己却遇人不淑。

这件事是年前发生的，虽然事过境迁，但是我一直怀恨在心，想让这个人早些死去。有些事情，你越不想让它发生，它就发生得越快。终于，终于，可怕的事情就相继发生了：这一年，我连续做梦，要么就是这个男人站在我面前，我把他捅死了；要么就是他被车撞死了。总之，各种死法层出不穷。

昨夜，我入睡后，可怕的一幕又发生了。梦境发生在我们交往过的某种地方。他拉开我的包，准备拿我的钱，被我制止了。后来，他把我推倒在地，还骂我是图他的钱，梦中他骂的话和生活中他骂我的话一样难听。他还说是我自己犯贱，他吃了大亏之类的话。我不知从哪儿抽出来一把刀，又一次刺向了他……

我以为他死了，可是当我要走的时候，发现刺伤的却是我自己……

我浑身是血，而他完全没事，这又一次激起了我的恨——为什么现实中和梦中都是我在受伤，而某人却能重伤别人又伤不到自己？恨越来越深……夜，深沉；人，孤独；心，悲凉！这种恨一直在加剧，我怀疑自己的精神出了问题，所以才请教您。我脑子里现在非常混乱，完全失去了正常逻辑，即使像现在这样叙述，也无法把我心中的那种恨释怀……

通过梦女的叙述，我知道，她的恨并不在于金钱的得失和情感关系的破裂，而在于自尊心的深深伤害。所谓“人要脸，树要皮”、“士可杀，不可辱”，当一个人的自尊心受到伤害的时候，其内心激发出来的怨恨，完全超乎我们的想象，它可以让一个理性的人完全丧失理性，让一个善良的人变得恶毒；它可以改变人性，甚至到自己都不能认识自己的地步……因此，我知道打开这个梦的钥匙了。

于是，我与梦女进行了下面一番对话。

梦侦探

你和他产生矛盾的起因是什么，还记得吗？是一件什么样的事情？

美女作家

他拿我的钱，说是没拿。反而当着我朋友和他朋友的面，说我图他的钱，还骂我老妈。他问我借钱，因为两个人谈朋友，我都没让他还过。我长这么大，从没有主动花过男人的钱，所以这个结一直打不开。我也不好跟家里人说，一直闷在心里。这几日，我在家莫名地发火，惹我妈妈生气。

梦侦探

我觉得这件事情，最主要的还不是你们之间的分手或者钱财，而是它伤害了你的自尊心，让你颜面全无，所以你难以释怀。

美女作家

是的，我不是记仇的人，但不知道如何放下恨，所以我一直记恨他，连做梦都想杀死他。

梦侦探

但是，从目前的情况来看，他早已经放下了，而你还在纠结之中。其实，恨一个人，受伤的是自己。我想，这一点你应该已经深有体会了。

美女作家

我现在一点感觉也没有了。每天，我只要想起这份耻辱，恨就会加深。我觉得吃一百只苍蝇，都比这好受。

梦侦探

为什么要这样呢？你不觉得应该庆祝吗？如果你再晚一点认清他，如果你结婚生子的时候才认清他的面目，并被他背叛，那不是一件更可怕的事情吗？

那样，你的整个人生都毁了。现在，你仅仅是跌倒而已，仅仅是受了一点伤而已，你有足够的时间来疗伤。

美女作家

就是这份耻辱导致我现在无法相信男人，无法回归正常的生活，连做梦都充满着杀念。甚至，我看到自己喜欢的小动物，都有想弄死的念头。就好像，我在梦里杀过人，在现实中，胆子也变大了。而且，这一年，我都是在梦里杀人。

梦侦探

你的恨太深了，最终受伤的一定是自己。说到底，你觉得自己到底失去了什么？

美女作家

我觉得自己的尊严没了。而且，我和他的所有朋友都以为我是那样的人，实则相反。所以，我的心结打不开。

梦侦探

我知道，这才是你的心结所在，你很在意周围人对自己的看法。

美女作家

是的，那我该如何做呢？

梦侦探

那只是你所认为的周围人的看法，你太低估别人了。其实，每个人的心中都有一杆秤的。

美女作家

我觉得人家都相信他。

梦侦探

那是你觉得，所以你的怨恨才那么大。你试着去找其中的朋友聊聊，看看大家到底是怎么看的。

美女作家

是的，我的朋友都骂他，还有其他认识他的人也骂他。

梦侦探

这不就对了吗？别人并不相信他，反而更相信你，那么你还有什么损失呢？通过这件事情，你得到了大家的认可。而且，清者自清，你一定要淡定地对待自己的人生。

美女作家

是啊！

梦侦探

你是为自己活着，不是为了别人，更不能被你所厌恶的那个人破坏了自己的心境。人生很短暂，为什么你要浪费这么多时间，去与一个完全不值得理会的人纠缠呢？

美女作家

的确，我并没有失去什么啊，顶多是他骂了我，但我也骂他了。我顶多失去了一点钱而已，但也认清了一个人的德行。

梦侦探

是的，我记得胡适好像曾经说过："如果一头驴踢了你一脚，你怎么办？你踢回去吗？那不是跟畜生一样了吗？你用不着计较，因为那是一头驴，一头畜生。我们为什么要放低自己，去跟一头畜生计较呢？"

美女作家

"人生很短暂，为什么要浪费这么多时间，去与一个完全不值得理会的人纠缠呢？"我写了这么长时间的小说，不如你所说的这一句话。其实，你说的我都懂，只是我自己被恨冲昏了头。

梦侦探

是的，正是因为你是一个有学识的人，所以我对你更有信心。

美女作家

我做了八年的撰稿人，在报社也做过情感倾诉的专栏。就是这件事，把我整个人都毁了。

美女作家

我把您的话“如果一头驴踢了你一脚，你怎么办？你踢回去吗？那不是跟畜生一样了吗？你用不着计较，因为那是一头驴，一头畜生。我们为什么要放低自己，去跟一头畜生计较呢？”放到微博里了。我要时刻看着它。

梦侦探

其实，事情远没有你想象中的那么严重，你只是处于疗伤期而已。人生有很多垃圾，该扔掉时就得扔掉，不要一路抱怨。

美女作家

说得好啊！醒人不如醒己，亏我还写小说，我真失败。

梦侦探

这跟写小说是两回事，你不要自暴自弃。我是学心理学的，所以才懂得这些，术业有专攻而已。你今天能走出这一步，寻求支持，已经做得很不错了。一个人想事情，最容易走火入魔，其实有时候只要周围的人一点，就会醒了。正如你说的，道理每个人都懂，就是因为钻进了牛角尖，所以才走不出来。

美女作家

谢谢，我看您把网友的疑惑都一一解决了，所以也抱着试试的态度，冒昧求您帮助我。让我感动的是，我们对面不相逢，但您并没有嫌弃我，就开始帮我。

梦侦探

这没有什么，救人即救己，助人即助己。

……

梦侦探

好了，因为你有悟性，你的心理问题已经基本解决了，但是情绪疏导还不够。接下来，我要你做三件事情，这是帮助你把心中积蓄已久的怨气都发泄出去，希望你去尝试一下，很有帮助。你平时喜欢做些什么事情?

美女作家

我喜欢旅游、散步、打球、写小说。

梦侦探

好，你去做三件事情：

第一，找一个好朋友一起打一场球，要竭尽全力去打，打到自己筋疲力尽为止。当然，要在球上写上那个人的名字，你要把他从自己的生活中彻底“打扫”出去。

第二，找好友喝一场啤酒，也要尽兴一点。然后，在啤酒瓶上写上他的名字，打上叉，用力扔到垃圾桶里去。表明你再也不会让这个垃圾待在自己身边了。

第三，去爬山，找个山顶去吼吼吧，吼出你积蓄已久的所有怨气，让你的气血通畅，让你内在的能量重新迸发出来。

你要在本周内做完这些事情，那么就会发现自己已经完全走出来了，也不会再做噩梦了。能做到吗?

美女作家

能！我这个星期就开始实施。

梦侦探

好的，一定要做哦。相信很快你就会向我报告你所做的梦，会很愉快的。

美女作家

嗯，谢谢您。

我们看到，美女作家的仇恨其实并不是一种“失去”的恨，或者说一种“背叛”的恨，而是一种自尊心受到伤害之后的恨。而这种伤害如此之深，令梦女深陷其中，不能自拔。其实，我想说的是，情感的变故并不可怕，可怕的是，在这种状态下，我们很容易陷入对彼此的伤害之中。

“打人不打脸，伤人不伤心”，既然曾经有缘在一起过，为什么不能放彼此一马？其实，这更是放自己一马。

不要伤害你所爱过的人，或者说，不要伤害曾经在人生中陪伴过你的人。更进一步的要求是，不要去伤害他人。让我们以一种宽容的心态去面对人生；让我们的心中不要有恨，因为恨是一把双刃剑，你想伤害别人，最终受伤的却是你自己。

3. 小怨恨大恩爱之“同床同梦”的小情侣

不是所有的恨都那么可怕。恋爱中，小情侣之间的一些小怒火、小怨恨有时候还是情感的黏合剂，也是对这种情感的考验，因为爱只是一种本能的情绪，不能让人格获得成长；而对矛盾和怨恨的处理方式，是在理性参与下的行为，如果处理得好，就会加深感情，所谓“不打不成交”、“床头打架床尾和”说的就是这个道理。

一位80后“白骨精”因为要追求事业，所以决定离开男友，来到另一个城市打拼。这期间发生了很多事情，在男友来看她时，一起爆发出来了。下面是梦女的叙述。

因为下周中秋节要请假回家，所以我决定这周不回家。于是，男友从武汉来看我。

当天晚上，我回家做饭，由于我一周没有开过火，住的又是酒店式公寓，厨房里的烟很难排出去，惹得物业公司的人两次上门来查看——以为是房子着火了。即使如此，我也没有做出一顿像样的饭菜来。

大概晚上八点，男友到了。他看见一屋子的烟和没有烧熟的菜，说：“你真是太有才了。”我们边吃边聊工作上的事，偶尔看看电视。男友还说：“明天还是我来做饭吧，不然你就会把房子烧了。”我心想，好吧，不过也不明白自己为什么越来越不会做饭了。

晚上睡觉，我没有关手机，便开始做梦了。我梦见男友说我的脸比他的大。我气死了，坐在旁边，心想真是莫名其妙，他无缘无故说这个干吗。我懒得理他。后来，他又走过来说：“好啦，不要生气了，跟你开玩笑的，我其实是想说，你不会的东西可以慢慢学。”我就说：“你不要老挑我的毛病，就像我从来不会挑你的毛病一样，毛病是挑不完的，你要多看看我的长处。”

突然，手机响了，把我们惊醒了。我说：“我做了一个梦。”他说：“我也做了一个梦。我梦见你晚上加班，我去接你，你们总裁季总在那里还要你加班，于是我很生气，跟他吵了起来，我说凭什么老让她加班，人是需要休息的，领导不休息，你的员工还要休息呢，你懂不懂……”

嗯，这就是我们做的梦，很短，但表达的都是一种激动愤怒的心情。

我想，我的愤怒来自于做饭。我做一顿饭很不容易的，物业公司两次找上门来，还很鄙视地对我说，怎么搞得房子这么多烟？我心想，我都没有怪你们的户型设计有问题。后来，男友也说，明天他来做饭，不然我会把房子烧了。可能我潜意识里觉得，他应该看到我做饭的一面，而不应该和物业一样，说我会把房子烧了。至于为什么会梦见脸大，是因为睡觉之前，我挤过脸上的痘痘。

男友那个梦，估计是他对我老板的怨气，觉得我的老板确实给了我太多不应该做的事，搞得我每天都没时间吃饭。

奇怪的是，我们两个人居然都会做梦，而且都有不同程度的愤怒……

【梦侦探点评】

这个梦很有意思，是一对情侣在同一时间所做的梦，虽然梦的内容不一样，但是都表达了一种激动和愤怒的情绪。我们来看情况是怎样的。

梦女之所以有这样的情绪，源于两方面：第一，梦女的自尊心受到伤害，因为物业鄙视的眼神，也因为男友的嘲讽；第二，梦女的敏感在作怪，因为梦女在临睡前挤过脸上的痘痘，这是把自己的某种不完美形象展现给了男友，导致梦女的自我形象受损，从而产生某种自卑心理。

男友的激动和愤怒确实如梦女所言，可能是由小两口在聊天时谈到工作的问题以及男友亲眼目睹梦女的生活状态所引起的。

所以，这个梦是这样的：

“男友说我的脸比他的大。我气死了，坐在旁边，心想真是莫名其妙，他无缘无故说这个干吗”，其实这一段是说梦女的自尊心受到了伤害，她的内心有愤怒，没有发泄出来。于是，她借自己内心的敏感说事，将自己临睡前挤脸上的痘痘时的自我感觉嫁接到男友身上，从而制造出可以让自己愤怒的借口。

接下来的梦境就透露了真实原因，“我懒得理他。后来，他又走过来说：‘好啦，不要生气了，跟你开玩笑的，我其实是想说，你不会的东西可以慢慢学。’”最后一句话正点明了梦女生气的原因，做饭这件事情让她很丢脸，并且希望得到男友的宽容和理解。梦女最后的梦境是“我就说：‘你不要老挑我的毛病，就像我从来不会挑你的毛病一样，毛病是挑不完的，你要多看看我的长处。’”，这一愤怒明显是针对男友的。看来，梦女对男友的态度还是有些不满。虽然男友口口声声说明天他来煮饭，但是这对于梦女来说，就是对自己的否定，所以梦女才把白天憋在心里的话都说出来了，这似乎也是一种自我释怀。

至于男友的梦，应该是男友感受到梦女工作负荷之后的一种愤怒，但也有可能是他在晚上感受到梦女的愤怒之后产生的一种情绪反应。

其实，这种小情侣之间的矛盾比比皆是，不值得大惊小怪。面对这种冲突和矛盾，最重要的就是要沟通交流，不能憋在心里。矛盾和怨恨憋在心里，会越积越深，到最后爆发时，就会一发不可收拾，对感情的伤害很大。因此，最重要的处理方法就是沟通，有矛盾就得沟通，然后以爱的名义，互相理解，互相包容。这样，就不会将小的情绪问题化为所谓的“原则问题”，也不会出现最终难以收场的局面。

要记住，矛盾和怨恨并不可怕，可怕的是我们面对这种问题时的态度和所采取的方式。如果我们足够理智，能够很好地处理问题，那么这对双方的感情不是减分，而是加分。

4. 狂人日记——青春之恨

你有过青春的苦闷和怨恨吗？并不为某件具体的事情而烦，只是因为苦闷而苦闷、怨恨而怨恨——为某种不被人理解的理想，为某种不被人理解的苦闷，为某种无法发泄的情绪，为某种从童年开始就一直存在心中的情结。

苦闷和怨恨需要理由吗？为什么所有的事情一定要有个理由呢？而理由又掌握在长辈们的手中。这种没有话语权的苦闷让人有一种难以言说的愤懑，难道这不能成为怨恨的理由吗？

一天，我的一位学生给我发来了一封邮件，让我帮她看一看她的一位朋友的梦。下面是她的朋友的叙述。

几天前，我梦见自己回老家了。我是江西上饶人。不知怎么回事，我和表弟跑到吉安的一家电子游戏机室，那里有老式的街机。玩着玩着，外面来了一群人，用怪怪的眼神看着我，似乎有点害怕。

然后，我就回到老家的镇上，感觉此次回来，大家的眼神都怪怪的。表弟小声告诉我，其实我背上趴着一个似人非人、似鬼非鬼的东西，大约是一个白色的模糊的东西。我不信，就找来镜子一照，什么也没有。这时候，我的叔叔、姑姑等亲戚都来了，他们很认真地告诉我，这个东西从我十二岁的时候，就一直附在我身上。其实大家都看见了，没有告诉我，是因为怕我知道了会害怕。我听后毛骨悚然，马上问表弟，趴在我背上的到底是什么。他走近看了半天，也吓得要死，告诉我，其实那是个人，而且已经死了。我一直不敢相信，心想自己居然背着一个看不见的死人。

在梦中，我还存在着思想，我仔细回想自己这么多年来的经历，并没有发现有什么不正常的地方。而这个似人非人、似鬼非鬼的东西，也没有给我留下任何印象。

这种梦意味着什么呢?

周日下午，我照常和同事一起在外面吃饭。父亲打来电话，说要把老家的房子给租出去。去年因为这件事，我和家里人吵了一架。最后，家人拗不过我，没租成。这一晃一年就过去了，父亲请假回老家办事，再次跟我提及此事。我们争执了几句，最后还是我妥协了，“我的房间也租出去？”“当然，你的房间连着阳台，不租别人怎么晒衣服？”我知道再继续说下去也毫无意义。就说：“租了吧，租了吧。”说完，我挂掉电话。

回去后，一切照旧，我十二点半上床睡觉，做了个梦，梦见自己回到了小时候。梦境中，一家人在老家，还是那栋老房子，旧客厅。不知什么原因，父母开始吵架。我躲在小房间里，既害怕又担心。没过多久，我就无法忍受了，起身把房门狠狠一摔，使出浑身力气拍桌子，声嘶力竭地吼道：“你们都别说了……”然后，我放声大哭，好像要把所有的力气都用完。我的声音非常大，感觉那不是在哭，而是在号，企图引起他们的注意。

我这样拼命地哭着号着喊着，也不知过了多久，觉得自己处于一种半醒半睡的状态（不知道算不算是进入了《盗梦空间》里的二层梦境）。突然，有人叫我的名字：“QJ，你做噩梦了？”声音不大，但是我却听得真切，立马就清醒了。

心想自己肯定糗大了，便佯装淡定地问：“怎么了？我说梦话了？”

室友A说：“岂止是梦话，到后面，你就非常大声地喊着，真是凄惨啊！”

“……我没说什么吧？声音很大吗？持续了多久？”

室友B说：“前面呢喃，听得不大清楚，后面叫得那叫一个大声，估计整栋楼的人都听到了，真的好恐怖。持续了大概好几分钟。我们都醒了，被吓得不轻，又不知道该不该叫你，怕你被叫醒后会精神失常。”

我满怀歉意，继续淡定道："没事，我刚才做梦唱歌呢。"

我起来上了个厕所，喝了口水，觉得喉咙疼得厉害，好像有血痰涌出，便狠心咽了下去。

少顷，我的气色好了很多，却大吃一惊。记忆中，我从未说过梦话，更别提大哭大笑、大喊大叫。这令人情何以堪！我站在阳台上，只觉得寒气逼人。深圳三月的夜，还是有些凉意。回到床上，我看了一下时间，刚好凌晨三点。

事后，我也没求高人解过梦。"祸兮福之所倚，福兮祸之所伏"，凡事自有定数。或者说，日有所思，夜有所梦吧。

我的房间承载了我近二十年的记忆，墙上的每一道痕迹，书架上的某本书里夹的A片封面，书架后面藏的一根铁棒和一把砍刀，抽屉里放着的从小学到高中的所有数学和语文课本，屋梁上的呼啦圈和救生圈，素描本里的每一幅画，无数小玩具，还有柯南漫画和密封的记事本……

所有这一切，我都记得清清楚楚。我幻想着有朝一日能带上自己的妻子，一起回到那个我曾经住过二十多年的小房间。到那时，我会重拾回忆，捧起她的手，将房子里的每一件物品、每一个故事，都讲给她听。或许，这会让我们互诉衷肠，会让她知道一个小男孩曾经有过的千奇百怪的梦想。

曾经那么多美好的回忆，恍惚间就变成了遥不可及的远景。

我已经记不得自己上一次哭是什么时候的事儿了。多年后，我再一次大哭，竟然是在如此离奇的梦境中。

看完这一叙述，我的内心也很感动，我能感觉到一颗年轻的心，是多么敏感、脆弱，而又充满激情和希望。这两段梦境并不长，但是表达的主题却很明确，那就是梦主丰富的精神世界以及青春期的苦闷与愤懑。

因此，看完这一叙述之后，我给学生写了一封邮件，内容如下：

他的梦境，我看完了，写得很好，梦境的记录和自己的心理状态都描述得不错。这是一个敏感却又要强的孩子，他有自己的精神世界，坚守着自己的信念——一种常人无法理解的、有时候连自己都难以言说的情怀。

梦境没有什么，第一个梦反映了一种长久以来不被理解的苦闷，第二个梦是说你朋友的家人要租房这件事情触发了他内心的压抑和愤懑。长久以来，他内心苦闷，但是却无处诉说，越积越深，从而导致愤懑情绪的产生。总体而言，这是他内心压抑，但却强装潇洒的结果。

第一个梦的意境有点《狂人日记》的味道，其实你不用担心，没有什么，这只是青春期的一个自省之梦而已。我们在青春期时常常会有这样一种感觉，自己的所思所想在别人看来似乎荒诞不经，甚至自己在别人眼中似乎也是一个怪人。有一段时间，我们总觉得自己与周围格格不入。面对这个怪异的世界和自己周围那些怪异的人群，我们会产生一些奇怪的念头，比如，这到底是怎么回事？到底是谁的问题？到底是谁不正常？难道我就真的那么难以理解吗？

第二个梦是这种压抑的加深。这个梦有利于他发泄长久以来的压抑，是一件好事。这是在暗示他以后要放宽心，多找朋友倾诉倾诉，不能总是沉溺在自己的精神世界之中。倾诉自己的内心感受并不是一种脆弱的表现。这个世界没有超人，每个人对这个世界都有看不懂的时候，也有适应不了的事情，每个人都需要关怀和心灵的抚慰，这很正常。

5. 新愁旧恨之梦见两个军营

有时候，你会觉得自己的生活被搞得一团糟：工作不如意，情感不顺利，人际关系又陷入僵局。这时候，你往往很茫然，不知道为什么会这样。其实，问题还真的跟你的当下无关，解开问题的钥匙往往隐藏在你童年的成长经历中，就是那个时候的爱恨情仇。当你知道了这个答案之后，如果想走出来，真正改变自己的命运，那么请行动吧。

一位梦女通过网络找到我，说她有困境，而且还做了梦。她想知道这个梦能够给自己带来什么启示，以帮助自己从目前的困境中解脱出来。下面是我们之间的对话。

梦女

老师，您好！我遇到了人生的困境，最近也做了梦。我是先说自己的梦，还是先把最近的困境告诉您？

梦侦探

先说困境吧。

梦女

我最近感到诸事不顺。工作上，之前我的老板很器重我，或者说很照顾我，有什么好机会都会想到我，但是最近他做了一件事，让我意识到自己可能得罪了他的情人。他为了他情人，不再照顾我了。我跟老板之间的关系并没有那么牢固。另一方面，同事帮我介绍了一个相亲对象，我觉得还可以，就想跟对方多接触几次，但是对方似乎对我很不满意。虽然他要了我的电话号码，但是却一次也没联系过我。我主动联系了他几次，他回短信很慢，到最后干脆就不回了。我虽然不想放弃他，但是感到已经黔驴技穷了。我已经三十岁了，很想能够遇到合适的人，和他结婚，对家里的长辈也算是有一个交代，同时自己也能解脱了。

梦侦探

好，说说梦境吧。

梦女

那天，我意识到自己已经黔驴技穷了，就做了一个梦。我不认为这是个春梦，因为在梦里，我一点那方面的感觉都没有。下面是我早上起来做的记录。

最近，我老是做些奇奇怪怪的梦，昨天晚上的梦更怪。我梦见自己从一个地方逃出来之后，看到两个军营。似乎有一段旁白，说这两个军营属于不同的兵种，如果我选对了，将来一定会在这个军营里利用女性的魅力，立下汗马功劳，获得地位。然后，我就不知怎么的选了位于左手边的那个。

接待我的是那个兵营的两个头。其中一个是一把手，很年轻，长得又高又帅。似乎又有旁白告诉我，这是一个拥有坦克等高科技武器的军种。然后，我们谈了一会儿，一把手带我去宿舍。宿舍床上的被子还没有叠，还有衣物。我问他这个房间里的被子怎么还没叠。我大概以为这屋里之前住过别的女人。结果，那个人跟我说这是他的宿舍，军营里剩下的空宿舍的朝向都不好，也太热，而他这间宿舍是整个军营里条件最好的，所以他让我住这间，自己重新去挑一间。

接下来，似乎就是我主动与他调情的镜头了。我吻他，他也回吻我。在梦里，我真的有嘴唇被触动的感觉，我想应该是被子压到了嘴唇。他上身赤裸，我去亲吻他的身体，他说他也要亲我的身体。然后，我抬头发现屋子里的门是开着的，只有一层薄薄的门帘。他说，只要他在宿舍，就会开着门，现在如果关上门了，反而会让大家起疑。我建议把门关上。门关上了，我们正准备开始，突然二把手敲门进来了。一把手还是上身赤裸，二把手马上明白是怎么回事，立刻退了出去。在梦里，我的衣服是整齐的。

其实，在这之前应该有一大段梦，只是有些模糊。场景似乎是住在一个村落里或者一个大家族里，抑或是黑社会里。集团中有头脑的儿子要办婚礼，我们都去参加。有一个小男孩老想骚扰我。接着，我似乎与集团里的头脑发生了冲突，我把他们打得落花流水。一会儿，我所在的地方变成了一个封闭的迷宫，路很窄。我好像把头脑打死了，自己逃了出来，就看到了军营。

梦侦探

我要问你一个非常隐私的问题，你与你的老板有没有私底下的男女关系？

梦女

没有。不过，曾经有一段时间，我特别崇拜他，觉得他就是我梦寐以求的英雄。后来，这种感觉越来越淡，我意识到他也不过是个养家糊口的男人罢了。半年前，我无意中跟他的情人发生了一点点小冲突，可以说完全是他的情人挑衅我的。但是，他根本没有向着我的意思，我就意识到我们的关系没有我之前想的那么牢固。我甚至很想在工作中背叛他一次，作为报复，只是理性告诉我不可以这么做。

梦侦探

说说你与那个人相亲时的情况。

梦女

就是一起吃了顿便饭，喝了一会儿茶，聊了一会儿天，谈得不怎么样。我觉得我们既有代沟又有阶级差别，但是他的气质有点吸引我——有一种我很渴望得到的沉稳而又高级的感觉。对不起，除了“高级”这个不太合适的词以外，我确实想不到还有别的词能够概括那种感觉。

约会结束后，我想我们可以说再见了。他问我知不知道他的名字，又跟我要手机号码，我突然觉得也许还有戏。

中间，介绍人把她的女儿带来了，那个小女孩跟他很亲近，依偎在他身边的情景也很打动我。我之前是坚决不肯要小孩的，但是这个场景打动了我——突然间，我觉得有个孩子也挺好的。后来，他不联系我了，我就很迷惑，也很生气。我不想放弃，于是联系他，谈些无关紧要的话题，希望他能意识到我愿意和他交往下去。结果，他连短信也不回了。

梦侦探

你有没有猜疑过介绍人可能跟他有暧昧关系。

梦女

没有，他是介绍人老公的朋友，他们之间的关系应该很正常。

梦侦探

“我问他这个房间里的被子怎么还没叠。我大概以为这屋里之前住过别的女人”，这一段你怎么看?

梦女

我不知道，之前做过的梦，我都能用直觉来判断这是在对我说什么。虽然我可能在理性中不接受这种说法，但是我的脑子里总能蹦出这种说法来。现在，我觉得这个梦是要告诉我什么，但是我没有直觉，一点思绪也没有。而且，那天晚上，我睡觉之前一直在想这个相亲男的事，我问自己是要坚持还是要放弃。我觉得非常为难。

其实，我在睡前已经做了个决定，那就是不放弃，等我想到好的办法再说。实际上，我很怕自己丢脸，如果哪天介绍人来跟我说不要再骚扰对方了，那我就会觉得自己没脸见人了。

我在男女关系上有点道德洁癖。如果在现实中，这会恶心到我，但是在梦里，我一点也不介意。

梦侦探

说说你的情况，包括成长经历和目前的情况，婚恋、工作等。

梦女

农村长大，名校毕业，工作无法与我的学历相称，好在老板还比较器重我，所以也就留了下来。我没有谈过正式的恋爱，剩女一枚。

梦侦探

谈谈你与父母的关系，特别是与父亲的关系以及你的童年经历。

梦女

我与父母的关系说亲近也亲近，说疏远也疏远。从我上初中开始，我父母就去外地做小生意。我跟着外婆长大，一直住校，一个月能见一次父母。我曾经说过我想他们，我妈妈嘲笑我说有什么可想的，不许我再说这样的话。我与父亲的交流很少，因为我父亲本身就是个不喜欢说话的人，但是每次我回家，他都会给我做很多好吃的，只是他不太善于表达对我的爱。

梦侦探

你还有什么事情想跟我说吗？

梦女

我觉得自己可能无法像之前想象的那样在这个单位长期做下去了，因为接下来我可能要去老板情人的手下干活，依她现在对我的猜忌来讲，我肯定没什么好果子吃。我想跳槽，但又没有过硬的专业技术，怕找不到一个更好的工作。

还有，这个相亲男的拒绝对我打击很大，我觉得自己没有明显的缺陷，无论是学历、外形，还是工作，他怎么就这样把我 pass 掉了呢？

梦女

我想到一点，在男女关系方面，我有一个心结，就是为什么我老是那个被拒绝的人。虽然我也拒绝过几个人，但是我一直很不幸，我喜欢的人无一例外地选择了拒绝，所以到现在我还是单身。

梦侦探

还是你的自信心问题，这可能跟你的成长经历有关。你似乎不够自信。

梦女

是的，我严重缺乏自信心，很多我日后都能顺利解决的工作，刚拿到手的时候，都有点紧张。我自己也意识到了，这个问题对我影响很大。我会不自觉地降低自我评价，觉得自己低人一等。不是有意的，不自觉地就这样。

梦侦探

这可能与父母没有在身边，在外婆家长大有关。外婆跟谁住？

梦女

外公，还有小姨，但她很快就出嫁了。

梦侦探

你跟小姨关系好吗？

梦女

好，我记得自己跟她没什么冲突。

我觉得这跟我的出身有关，在社会底层长大的人，凡事都要求人帮忙。就连我父母靠自己的血汗做点小生意，都要依靠一个当官的亲戚。但是，我们依靠的那个亲戚曾经骚扰过我。我曾经想，等我长大了一定要报复他。可惜，在我还没有权势的时候，他就已经死了。

梦侦探

那时你多大？有没有说过让你记忆深刻的话？

梦女

我上中学时有过一次。我大学毕业那年，他又故态复萌，虽然从成人的眼光看，他没占到什么便宜，但对我打击很大。我们在血缘上其实挺近的，他是我妈妈的叔叔。那以后，我一度没办法正常工作，在家里休养了两年，才有勇气重新开始工作。没有什么记忆深刻的话。很灰暗的两年。

梦侦探

这可能导致你后来没有找到好工作？

梦女

是的，这两年对我是有实际影响的，所以我现在才会在这个跟我的学历根本不匹配的单位做事。

梦侦探

好的，你的情况，我基本上已经了解了。我们先解你的梦，再来说你的事情。

你的梦很简单，那个被你忘记了的梦是整个梦的开始。你在前面说到："其实，在这之前应该有一大段梦，只是有些模糊。场景似乎是住在一个村落里或者一个大家族里，抑或是黑社会里。集团中有头脑的儿子要办婚礼，我们都去参加。有一个小男孩老想骚扰我。接着，我似乎与集团里的头脑发生了冲突，我把他们打得落花流水。一会儿，我所在的地方变成了一个封闭的迷宫，路很窄。我好像把头脑打死了，自己逃了出来，就看到了军营。"

梦侦探

这个梦其实讲的是你跟现在老板之间的关系和冲突。公司就像一个村落、大家族，或者黑社会，反正就是这样一个公司，这是你的认识。

有人要办婚礼，你却遭到了别人的骚扰。然后，你与集团头脑冲突，你逃出来了。这说的是你与老板以及他的情人之间的冲突，你感觉到失势了，想要逃离。接着，就到了军营这一段，这是你相亲的事情。左右军营，你选择了一个。其实，这是你在公司和这个人之间的选择。你感觉到自己在公司待不住，迟早要离开。看到这个人之后，你有了希望，觉得他可能会成为你的救命稻草。于是，你选择了左边的军营。

梦女

我觉得您的这种说法很对，我是有这样的想法，就是公司没办法待了，而这个人还能给我一个空间，让我待下去。

梦侦探

你走这一步，是想靠出嫁达成的，因此梦境中会有"如果我选对了，将来一定会在这个军营里利用女性的魅力，立下汗马功劳，获得地位”这样的描述。

接下来，你主动调情那一段，正是你主动与他联系的真实写照，但是中间被人打断了，这就是说你们之间的关系并没有进行下去。

梦境中虽然有一些亲昵动作，但那只是你对自己的主动行为的投射。你是穿着衣服的，表明这件事情其实尚未开始。

梦侦探

在这个梦里，只有一点我没法解释，那就是你发现他的床上似乎有过女人，这种怀疑从何而来？因此，我前面才会问你是否怀疑过介绍人与他之间的关系。当然，也可以这样解释，你觉得他太优秀了，所以才会觉得他一定有过女人。梦大抵就是这样，还有疑问吗？

梦女

我不知道这是不是出于被人拒绝的心理补偿，我曾经怀疑过他是同性恋，他不过是靠相亲达成掩饰身份的目的。我对前半段梦里的小男孩很疑惑，我为什么会梦到自己被一个小男孩骚扰呢？我指的是性骚扰。

梦侦探

你对他是同性恋的怀疑，似乎在梦中找不到痕迹。小孩在梦中是小鬼的意思，就是那种小人，在这个梦里，我觉得是指老板，他的骚扰表面上看不是性骚扰，但是你会觉得他的行为对你与异性之间的交往产生了阴影。

梦女

嗯，也就是说，这个梦只是我这段时间心境的反映，其实并没有启示我做什么决定的意思。

梦侦探

是的，没有什么启示。接下来，我们来谈你的问题。我会跟你谈三个问题：一是性格问题，二是工作问题，三是情感问题。

梦侦探

先来谈性格问题，你有强烈的自卑感，但是你似乎有一种防御机制，那就是用攻击性来替代自己的自卑感，你会给人一种喜欢争吵或者强势的感觉，有吗？

梦女

我承认自己非常自卑，而且无法通过任何途径来改善。不过，我不是一个喜欢争吵的人，相反，我很害怕与人争执，这会大大影响我的心情。我意识到自己很有控制欲，但我会有意识地让自己不受这种欲望的控制，尽量减少对他人的干涉。总体而言，只要是泛泛之交，都会认为我是一个随和的人。

梦侦探

好的，这是件好事。老板对你的评价是怎么样的？

梦女

他没有评价过我。我曾经问过他，他说我很细心，然后就只是在一个具体的工作方法上加了一个提醒。我们有每月的考评制度，他给我的都是优。我也很纳闷，我这么自卑，是通过什么代偿的呢？

梦侦探

内在冲突。

梦女

内在冲突？

梦侦探

是的，你可能思虑得比较多吧。

梦女

是的，我是一个思虑特别重的人。任何一个问题，方方面面，我都会反复考虑。我自己也觉得累，但是我停不下来。甚至连一个做事的方法，一个措辞，我也会不停地思虑，用哪一种效果会更好。

梦侦探

好的，我对你的性格基本了解了，你要改善的就是放松一点，容许自己犯点错误，并且能够原谅自己的错误。我知道这很难。首先，你要意识到。其次，你要慢慢有意识地去做，慢慢磨炼自己。还有，那个骚扰你的人已经去世了，你也要彻底放下这件事情。

梦女

如果我没有机会把自己的仇恨发泄出来，就不知道怎么放下。不提这个人，我没问题；一提起这个人，我的情绪还是会有些波动。

梦侦探

你一定要放下。你放不下他，就是在惩罚你自己，最终受害的人是你。这与你的仇恨是背道而驰的，这种恨最终都由你自己来承受了，何苦呢？他已经撒手人寰，很潇洒地走了，而你却把这个包袱背在自己身上，还要继续背下去，真是令人匪夷所思。

梦女

我知道他死了，既开心又遗憾，开心的是一个人坏蛋终于死了，遗憾的是我再也没有机会报复了。但是，您这么一说，我会想办法让自己放下的。您是不是想让我意识到他死了，事情也跟着他一起消失了。

梦侦探

正是这样，你很聪明，一定要意识到这一点，从根本上接受这一点，这对你有好处。

关于工作问题，我觉得你的感觉是正确的。你迟早要从那样的环境中走出来的，所以你要提前做好准备，要对自己有信心，先骑驴找马，现在开始着手找工作，花一年的时间，不愁找不到合适的工作。你本身是优秀的，只是要找到一个欣赏你的人而已。况且，这个公司迟早会容不下你的，如果你不自己走，而是抱有侥幸心理，最后可能会更惨，所以你要鼓起勇气，开始行动。

梦女

嗯，是的，您这样说，我觉得有一种拨云见日的感觉，可能因为这就是我心里所想的。

梦侦探

是的，你老是抱着侥幸心理，这会妨碍你的主动行为。只有彻底摒弃幻想，你才能够获得新生。

关于感情，我觉得你不能太急，虽然年龄大了，但是要有定力。感情的事情，越急越难成功。你要有缘分意识，这并不是一相情愿可以解决的。最主要的是，如果你的心态调整好了，工作顺心了，感情的事情就顺理成章了，所以你要先解决前面这两个问题。

梦女

谢谢，您的这个思路让我觉得没有那么为难和痛苦了。有时候，我也能放手。

梦侦探

是的，这个男人，你就放手吧。优秀男人多的是，是不是属于自己的，关键要看缘分。你的心态改变了之后，不愁找不到好男人。要有信心啊。

梦女

是的，我并没有一直觉得他很优秀。有时候想想，他也不一定是我想的那样，只是我不了解他而已。谢谢您，这比解了那个梦更让我有一种豁然开朗的感觉。

梦侦探

好的，那我们就到这里了，希望你能够走出来。

情

情是一种情怀，也是一种情结。它长留在你心中，挥之不去，如同你身上的狐臭一样，令你永远笼罩在某种氛围之中，不能自拔。这种情怀也好，情结也罢，有些是有益的，如对家人和亲人的情结，有些却是有害的，如对已经过去了的情感，但你却仍然沉溺其中。

当然，说到情，就不得不提到那种大家都秘而不宣的地下情……

1. 不甘心的情结——让你的心停留在那个黑暗的地方

一段已经过去的感情到底应该在心中留多久？一年？两年？十年？抑或一生？其实，多久都没有关系，关键的是你要摆正对这段感情的态度，它只是你美好的过去，但不能因此占据你现在的心灵。不是你的，再完美的情感，都不要再惦记。已经分手了的，就不要去计较是谁先提出的分手，为了什么原因而分手，因为那些已经不重要了……

一天，一位梦女通过网络找到我，要我为她解梦。下面是我们之间的对话。

梦女

老师，我从朋友那里知道了您的号码，也看了您的书，以前没接触过，看了点这方面的书，反而更困惑。昨晚，我做了一个梦。

梦侦探

那说说吧。

梦女

先说前天的吧！有一个男生，姓魏，是我的高中同学。在我心目中，他一直是一个很完美的形象，就是择友、择偶都可以考虑的对象。我们的关系一直很好，但就是没有进一步发展的缘分。

前天晚上，我梦到了他。不过，刚开始，并不是他，而是一个女人，头发特别长，还是鬈发，那卷很小很小，就像方便面一样。这使我想起了大学时候的体育老师，她长得并不是很漂亮，但是很有个性，很有气质，脾气也很大。梦里，她在黑板上面写了好几个问题，第一个好像是如果遇到了爱情，你会怎么做？大概是这样吧，其他的问题，我就记不清楚了。我很认真地回答问题，还有点生气，我说："为什么他不自己来问我呢？"后来，我答完问题，他就出现了。他说："你看吧，咱俩根本不合适。你的回答和我的都不一样。"我说："就凭这几个问题，你就说我们之间没有可能，太武断了。"后面还有很多片段，但是我记不太清楚了。

梦女

我自己觉得，每次，当我做一个新的工作时，就会梦到他。

以前，我看了一点梦方面的书。有时，睡觉前，我就会给自己一些提示。比如，问一下自己对待感情的看法，想在梦中得到一些启示，我想知道是因为过去的感情牵绊才造成目前的感情状态，还是纯粹因为客观原因。我给自己的解释，总觉得太唯心、太主观了。

梦侦探

在工作上，你是不是有一种不服输的劲头？

梦女

也不是吧，我不怎么喜欢跟别人刻意比较，但是我一定会做好自己的事情。

梦侦探

那为什么当你做一个新工作时会梦到他？

梦女

反正一承担大的责任的时候，我就有点着急，害怕自己做不好。我在会计事务所工作。最近，公司安排我去做企业盘点，但是我没有做过盘点，心里没底。

梦侦探

我明白了，每当你工作上遇到麻烦的时候，你就会梦到他，说明他是你的精神支柱。这个时候，他的出现会给你力量，能够让你安心。

梦女

是的，有这种感觉。

还有一个男生，姓赵，也是这种情况。我们曾经关系很好，我自认为已经完全放下了，虽然偶尔还是会伤感一下。

那天晚上，我梦到了他。我们在老家旁边的大坑边走着，都是庄稼地。村里很多人看到我们在一起，很吃惊。我就告诉他们，说我们在这边有个项目要做，村民好像不再觉得奇怪了。这样，一个片段就结束了。

梦侦探

你对这两个男生，哪个更留恋？

梦女

在我心目中，魏确实非常优秀，也足够吸引我，但是我不是他喜欢的类型，所以这么多年，我一直默默关注着他。

梦侦探

你和第二个男生是因为什么分手的？

梦女

第二个男生，姓赵的那个。我们初中、高中都是同学，可以说青梅竹马吧。后来高考，我考得不好，那时候，我有点自卑吧，就说分开吧，他同意了。

我们俩一直是很好很好的朋友。我现在觉得，我对赵其实更多的是依赖，以我的审美观，我并不欣赏他这样的类型。

以前，我确实比较喜欢争强好胜的。其实，我们也没有谈过，就是彼此都知道。他告诉我，他喜欢我。我没有拒绝，也没有说接受，就这样子。

现在，我和他几乎不联系了。他有了女朋友，我也不想打扰他，也不想让他打扰我。

梦侦探

对第二个男孩赵，你还有点耿耿于怀吗？

梦女

有时想起来，会有点恨他，不是因为我们不在一起了，而是觉得曾经我们作为朋友那么好，现在却形同陌路，有点遗憾。

他关心我吧，我觉得不太好，不关心吧，我也会难过。

现在，我很想知道自己情归何处，想给自己一个交代。

梦侦探

你目前的情感状况如何？

梦女

目前，我一个人。从大学毕业到现在，一直都是如此，始终觉得没有适合我的人。当然，也有追求者，但我不愿意轻易开始，总觉得他们都不懂我。

梦侦探

好了，情况已经很明确了。

第一个男孩，你对他并没有太多的情感依恋了，但是有精神依恋。你每次梦到他，不是因为想念他，而是因为工作上的麻烦，他会给你力量，因为他在你心中是优秀和完美的。但是，你对自己的情感关系已经释怀，你已经很清醒地认识到自己跟他没有缘分。

梦女

好像是的。

梦侦探

第二个男孩，你对他还没有释怀。其实，这种情怀，不一定就是你喜欢他，而是因为你们分手时，他并没有特别挽留，并且自此之后也不怎么关心你了。因此，你对赵的怀念，严格意义上说，不是一种真正的爱情，而是一种不甘心的情结。这种情结害了你，导致你很难再发展一段新的感情。

梦女

我想尝试新的感情，但是每当新的感情出现时，我总是找一大堆理由，告诉自己不行。我自认为还很有逻辑呢。

梦侦探

是的，因为你在赵那里受到了挫折，这个情结一直在你心中，难以释怀。

梦女

我还有一个习惯，就是像这两个男生一样，不会保留他们的联系方式。

我本身有点多愁善感，我怕自己情绪波动时，难以控制，会打扰他们，所以索性不留电话。这样，寻找联系方式的过程中，我就会冷静下来，告诉自己，这样做没有什么意义。

梦侦探

你知道自己为什么会这样吗？

梦女

怕再次受挫吧。

梦侦探

是的，高考的失利，在两个男朋友的事情上受到的挫折，使你产生了强烈的自卑感，所以你不敢再触碰感情的事。

梦女

曾经，我和他们联系频繁的时候，就知道他们追女朋友、谈朋友的事情。可能他们真把我当朋友吧，会告诉我他们与女朋友相处的苦闷。当时，我很认真地听着，还帮他们出谋划策。但是，对于赵，从内心来说，我是很反感听这些的。过后，我还恨自己怎么那么傻啊，干吗那么委屈自己。对于魏，我当时确实抱着很真诚的态度，希望他俩能幸福。

梦侦探

是的，正是这样的心态，这件事情本身对你的伤害也很大。

梦女

现在，我不会这样委屈自己了。我不知道是不是自己变得自私了，或者脾气变坏了。

梦侦探

不是，是你明智了，没有那么昏头了。

其实，你应该冷静理智地对待这一段感情了，它已经成为过去式了。你不要沉溺其中，也不要为此纠结，你要做的就是走出来，重新开始自己新的情感生活，这样，你才能够得到幸福。

你也知道，实际上，这两个男生与你之间完全没有可能了，人家早就跑远了，你还停留在原地干什么？他们不会再回来了。你也该起程了，开始自己新的感情生活。

梦女

嗯，老师，我懂了。

我们看到，这两段感情对于梦女来说其实早已经成为过去式了，但是梦女仍然放不下，还是停留在对这两段感情的美好回忆之中。这样，就导致梦女无法面对新的感情，从而令她自己陷入痛苦之中。

过去了，就该放手了。梦女只需放下这两段虚无的感情，敞开自己的心扉，就能够找到自己的幸福。

2. 末日情怀之温暖的亲情

爱情令人肝肠寸断，而亲情却令人牵肠挂肚。有意思的是，这两种情感经常是此消彼长的。你在爱情和事业的激情中容易淡忘亲情，而在爱情失落、事业失败时，才会觉得亲情的重要性。这是不是太过势利或者说薄情了？

其实，不用自责，这是人类正常的情感体系。亲情就犹如你人生的一个灯塔，无论你行驶到人生的哪个阶段，也无论你遭遇到什么样的风浪，你只需抬起头来看，它就在那里。这时候，无论距离有多遥远，你都不会感觉到恐惧，而是有无穷的勇气和力量，去面对人生的一切——因为你知道，只要你愿意，家就在前面的转角处。

2012 年，是网传的世界末日。在这样一种末世情怀之下，我们的心灵又有怎样的驿动呢？一位 80 后梦女，有一天做了一个关于世界末日的梦。下面是她的梦境。

梦中，我和我的家人在深圳的一栋楼的最顶层。我透过窗户远望外面的一栋栋大厦，内心极其惶恐，真害怕窗外的大厦像《2012》或者《唐山大地震》里面的情节一样突然倒下。待我刚刚想象完，窗外的大厦就开始跟我想的一样，一座座倒下。这时候，我只希望自己的家人都能安全，我的爸爸也在拼命想办法让我们能够安全出去，但是我们好像已经无法走出自己的家门。看着窗外的楼倒下，我们的内心越发惶恐。

经过一段时间的挣扎，我们好像已经不在乎自己的生命了。虽然我们所在的这栋楼还没有倒下，但是我们已经有了某种默契，并没有那么着急想要逃出去，我们都有同一种感触，这是我们的家。既然世界末日已经来临，那就让我们一起在自己的家里消失吧！这何尝不是一件值得我们永远纪念的事情呢？

这时的我们，对生命能否存活已经没有了恐惧，而是在想，如果有来世，我们还能够成为家人。最后，就在我们的楼倒下的那一刻，我突然含泪醒来。醒来后，我真希望陪伴自己的是家人。

用一首诗来形容我在梦中的感受：末了未有存，只盼永世聚，人生过往恍如梦。若欲有便有，若欲无便无，无非红尘与世俗。高山平地走，酸甜苦辣尝，虽欲有或无，终悟至亲之最。笑对往与今，无悔人世路，命将永世亮。

之后，梦女给我们提供了一些与梦有关的信息。

最近，她的生活和工作都不顺利：跟新同事交接时，她“希望尽快离开现在工作的地方”；中午与同事们一起吃饭也觉得“气氛冷清”；下午“希望赶紧下班”；去晚餐聚会的路上“希望这顿饭吃得有结果”；与旧同事晚餐期间“很自私地希望生活和工作都能超过她们”；到了晚上“阅读关于如何嫁给一个负责任的老公”并且“希望和老公能够相互包容、相互关爱”……所有这些描述，都表达了梦女对目前的工作状态和情感状态的不满意。

目前，梦女最关注的事儿是“找到一份自己满意的工作”，最困扰的事情是“希望能够把心态调整过来，生活上学会多包容，和男友相处越来越好”。梦女觉得自己的应激事件有三项，即“个人事业处于停滞或抉择期”、“情感出现了问题”、“有一种倦怠感”。这些都是目前困扰梦女的生活应激事件。

梦女在对自己目前的情绪状态的认知中，列举了“爱、满足、平静、安逸、善良、友好、自爱”等八项正面情绪，同时列举了“憎恨、被动、厌烦、恐惧、敌意、沮丧、消极、欺骗、患得患失、瞻前顾后”等十三项负面情绪。

我们通过正面情绪和负面情绪的对照，可以发现几乎所有的情绪都是矛盾的，如爱与憎恨、满足与患得患失、平静与恐惧、安逸与厌烦、善良与敌意、友好与欺骗、自爱与消极等。这些表明了梦女矛盾复杂的心理状态。人有时候确实很难分辨自己的情绪状态。其实，这个时候，我们主要关注的是负面情绪，通过对负面情绪的描述，我们大体可以知道梦女目前的心境状态。

梦女对梦境中的人物怎么看呢？梦女提出了一个自己的看法，那就是梦境中的爸爸妈妈"很伟大"，这说明梦女对亲情的依恋；姐姐"善解人意"，这说明梦女的身边缺少善解人意的人，没有人愿意深入了解梦女的内心世界和情感需求；自己的感觉是"害怕与惶恐"，这说明梦女对于自己目前状况的担忧和不安；对地震中家人避难的最顶层家中的描述是"很温暖"、"希望永远存在"，表明了梦女对安全感的强烈渴望。

通过对梦女所填写的这些信息的分析，我们基本上了解了这个梦想要传递的信息，也基本上可以给出这个梦的大体轮廓。这是一个对自我、他人和人生的反省之梦，是一个有关人格发展的梦，是梦女面对不如意的工作和情感状态所做的梦。一方面，梦女急于摆脱目前的工作，希望找到更符合自己兴趣爱好和理想的工作；另一方面，梦女对自己的情感也十分不满，似乎难以从男友那里获得情感支持。因此，在这种情况下，梦女最渴望的是亲情的支持。这是人类在面对困境时，寻求情感支持的无意识表现。人只有在自己脆弱和需要关怀的时候，才能够深刻体会到亲情的重要性。

于是，梦女在梦境中给自己设计了一个世界末日的情境。这种环境便于梦女发泄自己内心的压抑情绪，也便于表达她对亲情的渴望。

其实，对于人类的心灵体验而言，有没有世界末日并不重要，重要的是，我们需要一个类似世界末日的方式，来唤醒压抑已久、麻木已久的心灵！

3. 差不多先生——旁观者情结

人生的舞台很宽广，似乎每个人都希望在这一舞台上展现自己。其实不然，有表演者就有旁观者，有些人并不愿意站在舞台中心在聚光灯下起舞，而是愿意默默坐在观众席上，冷眼旁观这一出出神经质般的人生闹剧。其实，这也是一种情结，一种不参与的情结。如同非暴力不合作运动一样，这也是一种人生的参与方式。

你是人生的旁观者吗？这个世界对于你来说，是不是如同隔着一层玻璃，既透明又无法触摸，将你隔绝在外……

一天，一位自称为“差不多先生”的人在网上找到我，要我为她解梦。下面是我们的对话。

差不多先生

梦侦探，我一直以来都有记录梦的习惯，我一直对这方面很感兴趣，也一直在关注梦的解析。前不久，我看到了您的《解梦手记》。虽然我不会解梦，但您的书确实解开了我心中的很多疑团。所以，我想让您分析一下我不久前做的梦。

梦侦探

好的，说吧。

差不多先生

梦中，我感觉自己躺在床上，耳边响起悦耳的钢琴曲，是我从没听过的一首特别好听的曲子。于是，我凝神去听。一会儿，曲子变得不像一首曲子，每次只是简单的几个钢琴音符，接着又是另一个简单的音符，声音越来越小，最后小得都听不见了……

我闭着眼，感觉到窗户外有一个青年友善地向我伸出手。而我从躯壳中挣脱出来，跟随他飞向窗外。接着，我站在宽阔的大街上，不远处的许多自行车全速向我冲来。路边的狗张大了嘴巴，露出尖利的牙齿，向我奔来。我像一个旁观者一样，静静地看着这一切。或许，我连旁观者都谈不上。这种冷静，就像我并未看到危险，只是在吃饭睡觉而已。不知道这是梦赐予的，还是我自己心领神会到的，仿佛觉得这是上帝对我的考验。

十来米的距离，好像变得很遥远。狗和自行车仿佛在等待着我露出害怕的表情，但是它们马上就定在了那里。狗的前爪和后爪都离开地面，就那样定在空中，甚至连面部的凶狠表情都定住了。自行车后面的一辆汽车定在几米高的空中。我不自觉地伸出手，对着汽车做出下降的手势，汽车却依旧停在空中。

一个中年男人从一旁的空气里走出来，仿佛是空气凝结而成的。他伸出右手，我看不清他的脸，但能感觉到他平和的微笑，我上前将手放在他的手上。

大街上的一切，迅速而有序地变成灰黑色的烟雾，向着同一个方向飘走消失，就好像是一阵风带走了它们。

我感觉自己回到了床上，身体规矩地平躺着，和走的时候一样。我的耳朵边响起巨大的钢琴声，我的耳朵一阵阵剧烈的疼痛，而且只要我强行睁开眼睛，疼痛就一直会延伸到我的脊椎。我像是躺在手术台上被电击的尸体一般，疼痛让我全身都抽搐起来。我赶紧闭上眼睛，钢琴声却变成了一种刺耳而空洞的噪鸣，就像是一个锤子一下一下敲打着我的耳膜。再一次急促睁眼的瞬间，我看到了真实世界里对面那扇透出昏黄光亮的窗户。

我明白了，它是在催促我赶往那个世界。我缓慢而安详地闭上了眼睛。

我从混沌中醒来。这次，我是在一辆疾驰的火车上，原来我刚才是靠着座椅睡着了。火车的座位像地铁那样排列在窗户两边，两边的人不得已面对面坐着。我听到我左边的男人正跟我右边的妇人攀谈，因为中间隔着我，他们都向前伸长了脖子。我看着对面的窗户，联想到我最后一眼看到的那扇窗户。听着火车的呼啸声，我明白了这只是个虚妄的梦。

突然，我右边的妇女问了我一句什么。我转过头看着她微笑的脸，然后一把抓住她的手，站了起来。妇人吃了一惊，但随即又微笑起来。我左边的男人拉起我的手，走向窗户，火车同他的伪装一起变成烟雾消失了。他是一个看上去有点臃肿的老男人。这次，我终于看清了他的脸以及他脸上的肉，他依然笑得很平和。

我的手指在虚无中弹跳起来。强大的队伍里，有些人因为身份不同而拿起手中的武器厮杀……

梦侦探

好的，先说说你的基本情况吧。

差不多先生

我独居，在现实中几乎不与人沟通，在网络上也就和两三个朋友闲聊。平时，我在家看书和电影。

梦侦探

你有没有女朋友？

差不多先生

我是女性，今年十九岁，没有谈过男朋友。

梦侦探

那说说你童年的成长经历吧。

差不多先生

我小时候和妈妈一起在乡下生活，爸爸在外面打工赚钱。我还有个比我小一岁的弟弟。爸爸虽然经常回来，但在我的记忆中，他和妈妈在一起总是吵吵闹闹，经常打架。

梦侦探

你还记得自己成长过程中有什么特别的事情吗？特别是对你影响深刻的事情。

差不多先生

有。有一次，爸妈闹离婚，我生了一场大病。

梦侦探

你现在对父母的感情分别是什么样的？你跟谁比较亲近？

差不多先生

如果说我跟谁比较亲近，应该是妈妈。但我心里觉得，我对他们的感情好像特别淡，这点令我很愧疚。

梦侦探

没有什么好愧疚的，感情的事情不可强求。

你现在做什么，读书还是工作？

差不多先生

我现在在医院上班，只是工作比较清闲，一星期有四五天可以休息。

梦侦探

为什么有这么多休息时间？你是干什么工作的？

差不多先生

我是护士，在一个病人比较少的医院上班，不忙，所以休息时间比较多。我经常会做一些奇怪的梦，而且从读高中开始就失眠，每天都是凌晨两点后听着音乐才能睡着。

梦侦探

好的，基本情况差不多了解了，下面我们来分析你的梦境。

你对这个世界有一种虚无感，你觉得所有的一切都不是真实的。你童年时期的情感系统由于父母吵架和离婚而遭到了破坏，而你为了逃避这样的家庭环境，就把自己的情感隐藏起来，将自己作为一个旁观者来看待，所以所有的事情就与你无关了。这样，你就安心了，不会再焦虑和困惑了。再加上你现在又在医院上班，会看到更多病人，会让你的这种情感更加淡薄。

差不多先生

就好像这种感情被抑制到潜意识里，于是在梦境中得到释放了？

梦侦探

是的，所以你总会做出很多诡异的梦，自己都搞不明白是怎么回事。说说你的感情问题吧。你有喜欢的人吗？

差不多先生

有，但我觉得自己好像在逃避这种感情。

梦侦探

是的，这是你的情感习惯。说说具体的情况。

差不多先生

嗯，那是去年年底的事儿了。当时，我在电影院上班，因为我很喜欢看电影，所以认识了他。我是个沉默寡言的人，而且那段时间，我发现自己有很严重的社交恐惧症，但是我跟他聊书、电影、音乐，会觉得比跟其他人来得自在。

梦侦探

问你一个比较隐秘的问题，你平时有过性方面的渴望或者幻想吗？或者说，有过自慰的行为吗？

差不多先生

老实说，我觉得自己是性冷淡，我跟一个朋友提起过这事儿。

梦侦探

你平时对噪声之类的很敏感吗？

差不多先生

是。

梦侦探

你会不会经常听到别人在低声说些什么话?

差不多先生

您这么一说，我就想起来了，确实是这样。

梦侦探

其实，那只是你的敏感所致。

差不多先生

但我又常常听不到一些声音。

梦侦探

因为你专注于自己的想象，这样就会有些听不清楚，有些听得特别清楚。

你有没有觉得白天也像做梦一样？有时候，你会有一种恍惚的感觉。或者说，回到家之后，回想一下，今天到底过了没有?

差不多先生

是的，我觉得有些恍惚。一天过去了，我做了什么，却怎么也想不出来。

高中的时候，我有些自闭，因为是在医学院校学习。在一次心理选修课上，老师希望能跟我聊聊，我的朋友也说我该去看看心理医生，就好像我真的有什么毛病一样。

梦侦探

你白天会想一些什么事情呢?

差不多先生

想自己的事，想自己与周围人的关系，觉得自己老是处在神游状态。

梦侦探

梦境中的那些人物和场景，你觉得陌生还是似曾相识?

差不多先生

大部分是似曾相识的。

梦侦探

其实，你白天想的和晚上做的梦大体情况是差不多的，是吗？

差不多先生

我仔细想了想您说的这句话，似乎是这样的。

其实，我通常很少考虑自己在想什么。因为在思想被拉回现实之后，我之前所想的事就只剩下零碎的片段了，无法重组了。我只知道，我白天考虑的事丝毫没有逻辑。有时候，跟一个要好的朋友走在一起，我会顺嘴把脑子里的想法说出来，然后，我就会看到他古怪的眼神，所以我就学会噤声了。

梦侦探

好了，你的情况，我基本都弄清楚了。至于你的梦境，你也不要对其中的情节过于较真，因为那都是你漫无边际的联想而已，没有关系的。

目前的状态：你与父母的感情疏远，至于与周围朋友之间的关系，以及他们对你的看法，你也不要有什么心理压力。每个人都有自己的精神世界和自己的活法，只要自己觉得舒服就行。最后，我建议你能够放下压力，让自己轻松地去谈一次恋爱，这对于修复你的情感会有很大的帮助。

差不多先生

我也是这么想的。

梦侦探

那就好，那就按照这个思路行动起来。

差不多先生

嗯，谢谢您！

关于这个梦境的对话就此结束了。各位也看到了，我并没有为她解梦，因为她这一类梦的关键不在于梦境本身，而在于做梦者的情感系统。因为童年的经历，梦女为了避免自己的情感受到伤害，而将自己封闭起来，将情感从对外转向对内，并且专注于自己的想法，因此，即使在白天，她也做出很多白日梦来。而她的梦，其实白天与夜晚的性质都是一样的，都是一种类似于白日梦般的梦。梦中的情节并不重要，因为都是梦女漫无边际的联想，如梦女自己所说的，是一种神游状态。

现在，我们应该明白梦女为什么给自己取名为“差不多先生”了吧?因为世界对于她来说是灰色的，没有变化的，一切都隐藏在生活和人生这两个巨大的背景之下，看不清楚。所以，一切看起来都没有什么大的区别，是差不多的——这是一种旁观者的人生，是一个差不多的世界。

4. 永远的寻找：怅然若失之情

当你没有得到某件东西时，会努力去寻找，希望得到。然而，当你得到它时，却仍然在寻找，似乎并没有得到。那是什么？对，是你的心灵，你的精神家园。人这一辈子如果能够找到自己的精神家园，那是一种幸运；如果找不到，就得不停地寻找……

一位梦女在《心理月刊》上看过一篇关于我谈论潜意识的专访，便在网上找到我，给我讲述了一个梦。这个梦，她不管是有老公前还是有老公后，都一直在做。在梦中，她总在不断地寻找自己的爱人。下面是我们的对话。

梦女

老师，我经常会做一个梦，梦的主题就是我在找自己的爱人。

婚前有过一次，我梦见一个穿黑色夹克的人抱着我，让我很有安全感。后来，我认识了现在的老公，短暂的恋爱之后，我们就结婚生孩子了。在这期间，我总是做梦，要么是要结婚了却找不到老公，要么是梦见自己怀孕了却找不到老公。

最近两年，有两次印象很深刻。一次是我疼得哭醒了，梦里没什么主角，只是感觉我在寻找自己的真爱，却发现找不到我很想爱的一个人，那个人就像不存在一样，让我伤心失望。

今年又有一次，我梦见有个人（好像是我的同学）向我表达好感，他想让我和他一起走。后来，我老公也出现在梦里了，很和气地请那个人到我们家去。当然，梦里的家和现实的家也不一样。在梦里，我们没有发生什么冲突，但是后来我好像没有和那个人走。

梦侦探

这些反复出现的梦可能与你童年的成长经历有关，说说吧。

梦女

我是独生女，父母都是普通的工人。小的时候，我总是渴望长大，很希望有自己的生活，渴望独立，因为我不喜欢父母的生活态度。

梦侦探

那就说说你父母的生活态度吧。

梦女

他们比较悲观，不够自信，也不善于观察，不注重自我提升。我认为这是一种比较消极的生活态度。

我是个比较爱思考的人。上小学的时候，我就在思考一个问题：为什么一个家族的人的生活态度、经济条件等差异会那么大？我问过妈妈，为什么她的舅舅能成为工程师，也问过我的姨妈，为什么她会成为医生。

小时候，家里条件不好。我总要拣小姨的旧衣服穿，这让我很不开心，因为我喜欢拥有自己的东西。

我内心的占有欲很强，不知道本来就是这样，还是因为这段拣旧衣服穿的经历而让我觉得没有自己的东西就没有安全感。

梦女

我很喜欢表达，但是在高中以前，我觉得自己很自卑，不爱说话，因为我觉得自己的表达能力很差，不会讲笑话和故事。高中的时候，我接触了《读者》，看了一段时间以后，感觉自己的表达能力有了很大的提高。我喜欢写文字，大学的时候，我写了三百多首诗，但是没有投过稿。

梦侦探

其实，你所有的梦都在说你缺乏安全感，为什么会这样呢？

梦女

对，我没有安全感。小的时候，父母的生活态度对我的影响很深。我家里的条件不好，有的时候觉得自己很多余，心想要是没有我，父母的生活条件肯定会好一些。

梦侦探

看来，你的内心很丰富，但是不太愿意与人交流。

梦女

我觉得自己是个很极端的人，很强大，但也很脆弱。有几个词比较适合我：简单、内心丰富、善于探索自我、精神世界丰富。现在，我很爱说话，我觉得自己说的没有写的好，至少有一段时间是这样的。我是做企业管理咨询的，接触了MBTI等一些心理测评，对自己也多了一些了解。大学毕业后，我觉得《读者》不能满足我的需求了。2006年，我开始看《心理月刊》，一直看到现在。我看了最新一期《心理月刊》中的《与潜意识交朋友》一文，就认识了您。

梦女

有一段时间，我觉得《读者》就是我的男朋友。和一本杂志很有默契，是一件很美妙的事。《读者》不仅丰富了我的知识面，开阔了我的视野，也给了我很大的宽慰。

梦侦探

谈谈你与你老公的关系吧！

梦女

我今年二十九岁，我和老公是在婚姻介绍网站上认识的。他是工科生，但是会弹吉他。虽然他有很多地方很吸引我，但是也让我很失望。

我们的交流比较少，有很多原因：一是他也不是个很爱表达的人；二是我们和公公婆婆住在一起，婆婆很强势，也是个很没有安全感的人，她不喜欢我和老公太亲密；三是我们的工作都比较忙。

在家庭冲突里，婆婆很强势，老公很孝顺，所以我很惨。我想过离婚，可就是觉得无法向孩子交代。其实，我和老公的感情还没有到至死不渝的地步。但是，从某种角度来说，我们是比较好的组合。他很实际，我比较理想，我们都不计较细节。在他母亲到来之前，我们没有过任何争执。听起来很绝望，是不是?

梦侦探

这样的情况，我见得多了。其实，这跟离婚没有关系，关键问题还是你自己。你只有过了自己这一关，所有的问题才会得到解决。

梦女

是吗?

梦侦探

总体而言，你的梦是由安全感的严重缺失和精神交流的严重缺乏引起的。这也是由你性格的两大特点——强大和脆弱所决定的。

梦女

嗯，是。

我最近看了张德芬的书，很有启发。可是，我觉得自救的过程有些反反复复。最近，我慢慢接触了潜意识。坦白地讲，我不知道怎么建立内在的安全感。之前，我就想有份好工作。现在，我发现这些依然是外在的。

梦侦探

这是一个过程，一个很漫长的过程。因为你的情况也是在漫长的过程中形成的，所以解决问题也需要时间。你要有耐心，既然认准了方向，就不能放弃，慢慢地，你就能够让自己走出来。

梦女

嗯，是的。这个我非常认同。这两年，因为冲突的集中，再加上人生角色的增加，问题更加凸显出来，所以我觉得有一种力量在推动自己成长。

梦侦探

你的问题并不严重，你本身是有灵性的，能够认识到这一点。关键在于行动。如果你能保持耐心，朝着目标前进，就能慢慢走出来的。

梦女

嗯。

梦侦探

我刚才说到你的婚姻问题，其实那是你自身有问题。如果你没有解决自身问题，无论跟谁都是不行的。所以，第一，你要对婚姻有信心，并且慢慢培养老公与自己沟通交流的能力；第二，你要调整自己，努力克服自己性格中的缺陷，并付诸实践，慢慢走出来。

梦女

您觉得怎么样才能更好地理解和接纳自己的潜意识呢？

梦侦探

你不用再分析自己的潜意识了。就两点，一是严重缺乏安全感，二是渴望心灵沟通，所有的问题都源于此。所以，你只要认识到这一点，当你遇到问题时，从这两点入手，就能找到解决方案。最关键的是，你要对这两点保持高度警觉，慢慢调整自己。

梦女

嗯，好的，谢谢您！

这就是一个不断寻找的梦境。梦女从未婚到已婚之后，不断寻找的，不是自己的爱人，而是自己。梦女想找到自己的精神家园，想找到自我，想找到心灵的归宿——安全感。梦女童年的经历，导致了她强烈的自卑感和不安全感，这种骨子里的情结已经融入到了她的人格体系中，因此难以察觉，即使察觉到了，也难以改变。“冰冻三尺，非一日之寒”，人格的形成用了那么长的时间，我们凭什么能让这种改变一蹴而就呢？所以，关键是察觉之后的行动和善待自己、改变自己的耐心。没有这两点，任何改变都是不可能的。

5. 覆水难收——难以割舍的情怀

已经过去了的情感，就如同泼出去的水一样，永远也无法挽回了。但是，你往往很难做到那么理智，明明知道已经结束或者没有未来的一段情感，却总是令自己沉溺其中，获得一种情感的麻醉。这种麻醉如同“借酒消愁愁更愁”一样，只能令你深陷其中，不能自拔，而不能对你的人生产生任何积极的意义。因此，当我们遇到这样一种难以割舍的情感时，必须拿出壮士断臂的气概来，用无畏的勇气去斩断情丝。

下面这段梦境是我的一位朋友转来的，这是她刚认识不久的一位朋友的梦。细看这段梦境，你会觉得不像是一个梦，更像是一个白日梦，或者说是心中的某种幻象。不管怎样，我们姑且将其称为梦吧。

通过这个梦，我们看到的是一份难以割舍的情感。然而，正当我准备用心来解这个梦的时候，我的朋友与梦女失去联系了。因此，这个梦就成了一个无法解开的谜。不过，从另一个角度来看，这个梦解不解都不重要，因为梦境所透露出来的信息，所散发出来的气息，足以让我们对这个梦产生某种感慨和共鸣。

我把这个没有深入解析的梦放在这里，作为《情》这一章节的结尾，是想让读者看到这个梦之后，能够感悟人生的各种情怀。

多年以后，我仍旧能够清晰地记得那个梦的每一个场景，每一种颜色，每一个细节。

场景一

英格兰的绿草地，一栋红砖楼，不是城堡，是那种很古朴的老房子，有简单的爱奥尼柱，简单的线条装饰，墙上爬着绿藤——那里应该是他的宿舍。我坐在宿舍门口的台阶上。一共有三级台阶，我坐在最下面的一级上等他回来。

我很宁静、很安逸、很自然地等待着，并没有一丝焦躁。

阳光很好，是英格兰很少见的。阳光很明亮，却并不刺眼，也不灼热。

温度很合适——不热、不凉、不湿、不干。

仿佛有风的样子，感觉很清新。

草地是刚被修剪过的，散发着青草的气息。

我穿了一双很鲜艳的蓝色鞋子——实际上我有那么一双，很适合走路的。

忽然，我的脚下不再是草地，而是一块水晶，里面有碧绿的水草、白色的鹅卵石、红色的螃蟹和透明的小虾。我穿着蓝鞋子踩在水晶上面，我在漫步、嬉戏。我捞起一只螃蟹——明明是刚刚蒸熟的大闸蟹，却仍旧是活的。

我开始忙着捉螃蟹，那是我们的晚餐。是的，大闸蟹是我们的最爱，红酒也是。

他回来了。

没有招呼，没有拥抱，没有任何亲昵的语言或动作。我们开始很默契地捉螃蟹。我们在准备我们的晚餐……

场景二

很阴暗的走廊——大学宿舍里的那种，干净、干燥，但很简陋。

走廊尽头是他的房间。白色的房间，窄小，也很简陋。铺着白色床单的单人床，床头上有一个简单的书架，旁边是一张简易小桌，桌上有简单的学习用品和一台白色的苹果电脑。

桌上还有一瓶香水，瓶子是蓝色的，一如很多年前我的第一瓶香水，不是他送的，却是他打碎的。不，不是那一瓶，是另一瓶……我记不清了，有点迷糊。

我们坐在床上，很安静地依偎在一起，很安静！他的面孔依旧白皙，身上的皮肤依旧粗糙。他说："我是平脚板。"我说："我没长脚指头。"

有一点阳光，就那么一点，照在我们握在一起的手上。我们用手做投影，狗、马、鹿之类的……

场景三

一个像仓库一样的超市，有很高的顶棚、三角铁货架。货架上有罐头食品、饼干、面包之类的东西……我们想找一瓶好喝的红酒，却怎么也找不到。我们决定分头去找，他沿货架向这边走去，我沿货架向那边走去，走到各自的尽头，该转弯时，我们都回了头，相视一笑，就转弯了……

场景四

好像是在一个教授家里，教授在宴请他的学生，大约七八个人。有一张长条桌，我坐在桌子的这边，他坐在桌子的那边。我们彼此相望，拼命地说些什么，对方却听不见。

我身边是教授，他在和我说话，我却不知道他在说什么。

他身边是教授的夫人，她在和他说话，他也不知道她在说什么。

我们想对话，很着急，但却不知道如何让对方听见。

然后，我们同时转身，我对教授说："告诉他，我在找他。"而他对教授夫人说了什么，我不知道。教授和他夫人仿佛没有听见我说话，一点反应也没有……

我很急，他也很急，但却没有一点办法。

当我转过身时，他却不见了。我问身边的人，他去哪儿了，没有人知道，没有人告诉我，压根就没有人理我……

场景五

海滩上。不晓得为什么，我认定那是夏威夷。

我在找他。他的父母和我在一起，也帮我找他。

我们问遇到的每一个人，每个人都告诉我们同一个方向，仿佛几分钟前，他就在某某处，但当我们赶到那里时，他却不在那里。我们继续问，继续赶往下一个地方，再继续问，再继续赶往下一个地方……然后，在海滩上，一块白色的石头旁边，他的父母突然坐下来，对我说："你找不到他了。"

我站在那里，一动不动。我放弃了，我不再找他了。

这时，他却突然出现了。

但是，他仿佛没有看到我，他和他的父母一起转身离去。我没有叫他，就站在那里。

我哭了……

●我——女性，摩羯座，与"他"恋爱一年。以前有过一个大学男友，因"他"分手。与"他"分手半年后，复合过一次。之后，彻底断绝音讯，直至六年后。

●他——男性，摩羯座，大"我"八天。六年后，在剑桥，他给"我"打了一小时电话。建立 MSN 联系后，他几次提及之前的种种，道歉……未果。

●恋爱自定义：杰罗姆所谓"瘟疫式恋爱"（注：当年呼机留言，互相称"霍水"，取"祸水"之意）。情不知何所起，起而不自知、不承认；一往而深，生可以死。

●恋爱自判定：情不可抑，情不曾死；然恋爱，死不可再生。

●分手后过程："他"两年半后开始新恋情，"我"三年后接受新感情。五年后，"他"结婚、离婚；"我"逃婚、分手。五年半后，"他"得知"我"分手，午夜发短信，通报"他"离婚、出国等信息。六年后，他从剑桥来电话，重新建立联系。"他"道歉，"我"说："已过去，往事无须再提，亦不可能重新开始。"

●一周后，"我"的新浪博客出现陌生留言，以第三方身份痛骂"我"虚荣、虚伪，伤害了"他"以及"配不上他"之类。"我"留言，说："情事不足为外人道，甚至不足为另一方当事人道。"关闭博客。

●一周后，遂有此梦。

愁

青春，再怎么自由洒脱，再怎么激情四射，也难以逃脱现实之愁。其实，“现实之愁”是个病句，这个句子本来是不存在的。因为现实并没有什么愁不愁的，现实就在那里，愁或者不愁，它就在那里，不增不减，愁的是你自己的心理。你给现实披上了一层愁的外衣，这层外衣就像皇帝的新装一样，是无形的，是你的眼睛被心灵蒙蔽之后所产生的。

你的内心过于渴望现实没有愁，这是一种不切实际的念头。其一，现实就摆在那里，这要看你从哪个角度去分析它，因为它有一个愁的角度，也有一个不愁的角度；其二，即使真的愁，也不要有愁的心理，你只需要有解决问题的态度就行——当你专注于解决问题时，愁就消失了。

1. 不是每个女人都会那么幸运——夫妻分居之愁

新婚不久就要分居，这似乎是一件令人发愁的事情。然而，人生并不只是一种状态，同居有同居的好，分居也有分居的乐。关键问题是，如何面对这种状态。然后，如何消除分居可能带来的不利因素，同时还可以享受分居带来的好处。

一位新婚不久的梦女做了一个梦，梦境如下：

我梦见我爸和我妈有六个孩子。然后，他们离婚了，我好像跟我爸在一起，所以跟那五个兄弟姐妹都不熟。有一天，好像是我舅舅去世了，我就去忙活，但是一直也没有见到那五个兄弟姐妹，只看见了我妈。

一会儿，大家好像忙完了，就准备去吃饭。我妈叫那些人进来吃饭。人很多，挺热闹的，但也没有具体印象。后来，我好像要走，提个大箱子，不知道怎么回事，要爬过一个很陡峭的大坡。好像那些人都来了，在旁边看着我，也没有要帮我的意思。

我经常梦到自己在爬坡，感觉特别困难、恐惧。

这是一个什么样的梦呢？其实，我们看看梦女当天的日记就明白了。梦女的日记题目叫做《关于爱的话题》。

最近，我在看电视剧《金婚风雨情》。可能真的是心态老了，开始喜欢看这种家长里短、琐琐碎碎的剧情。我有点羡慕耿直和舒曼那一代人，他们经历了那么波澜壮阔的年代，拥有一辈子的忠贞信仰和爱情，真是太美好了。

耿直非常爱舒曼。当时，他一脱军装为红颜，多少有点为爱牺牲的意思。更让人感慨的是他们五十年来的相依相伴。妻子的情绪不佳，他不会说太多好听的话，但不管用什么方法，一定会为她解决困难。妻子要被下放，他不顾一切地陪在她身边。他永远豪迈乐观，不管工作上有多少不如意，回到家，一定会乐乐呵呵地哄妻子开心。他胸怀宽广，和情敌成了挚友。他总说自己是个粗人，可是在我眼里，他是最懂爱情的男人。

剧中的女人都羡慕舒曼，连她的女儿都说："妈妈，不是每个女人都会像你那么幸运。这种幸运，你能否拥有，只有时间才能给你答案。你和他一起相爱、结婚、生孩子，陪伴孩子长大，你们一起感受过父母、亲人、朋友离开时的伤痛。一生的时光过去了，答案就在彼此的眼中。"

通过这篇日记，我们基本上可以把握梦境的主题。梦女是一位新婚不久的职业女性，并且有一个比自己大并深爱自己的丈夫。两人情投意合、甜蜜恩爱，这样的感情基础应该与这个梦境的关系不大。然而，最近，梦女的生活发生了一些改变。

梦女是一位事业心较强的女性，不喜欢依靠别人，而愿意依靠自己的力量，体现自己的价值。最近，梦女的公司给梦女升职，这本来是一件好事，但是要将她派往外地。虽然那个城市离梦女的爱巢不远，但对于新婚不久的梦女而言，这确实是一件头疼的事情。不去吧，机会难得，以后可能没有这样的机会了；去吧，又必须离开刚刚建立的新婚之家。最后，梦女觉得反正那个城市离自己的爱巢不远，而且老公的工作也是要到处跑的，两人在家的时间也不多，所以似乎在哪里工作都一样。有了这样的想法之后，梦女选择了这个机会。

这个梦就是梦女到了新城市之后所做的。从梦境中，我们看到了梦女对新环境的不适应和对情感的渴望。整个梦境虽然是由《金婚风雨情》触发的，如家里有六个孩子、爸妈的聚散离合等，都可以说是受电视剧的影响而产生的联想。但是，整个梦境所要表达的却是一种孤单无助的情绪，什么事情都由自己来解决，本来应该是有亲人的（那五个兄弟姐妹），他们却袖手旁观。当梦女需要负重爬坡（职业压力）时，也没有人关心她，更不用说帮忙了。

整个梦境应该是梦女去了新城市之后的感慨。那么，这种感慨是针对谁的呢？看看梦女的日记就知道了。梦女在一篇名为《关于爱的话题》的日记里表达了一个丈夫对妻子的深情厚意。因此，我们可以判断，这个梦表达的应该是梦女对新婚丈夫的不满，估计也没有什么实质性的内容。梦女在一个新城市工作，丈夫可能出于业务繁忙的原因，没怎么去看她，或者很少打电话和发短信问候她。当人处在一个陌生的环境中时，需要比平常更多、更细腻的关怀，即使梦女的新婚丈夫按照往常的方式去关心她，梦女也会觉得他们之间疏远了很多。当然，我们也不能排除这种可能，这期间，两人之间可能为了一些生活小事有过磕碰。

当然，梦女也明白，完美的婚姻并不常见。或者说，不能轻易就下结论，因为婚姻需要一生的时间来见证。因此，梦女借用电视剧里的一句话表达了自己的这种感慨——不是每个女人都会那么幸运！

其实，分居本身并不是问题，有时候还会成为夫妻感情的催化剂。不是有“小别胜新婚”那句话吗？只要安排得好，分居并不一定是件坏事。关键问题是在分居之前做好预案，将可能存在的问题考虑清楚，两人要多相聚，不就是花点交通费嘛。事在人为，什么问题都可以解决。

2. 被迫成了同性恋：人际交往之愁

人际关系对于有些人来说，是一个十分头疼的问题，特别是遇到某些难以理喻的人时。这种人际关系的困扰严重到什么程度呢？从表面上看，它只会导致你心情不愉快，大不了回避了事，但要是回避不了呢？那就只能抓狂。令人抓狂到什么程度呢？潜意识竟然会让自己变性！

这是一位梦女的叙述：

早上起来，我感觉自己昨晚做了一个奇怪的梦。大部分的情节我已经记不住了，唯一记得的是梦见自己是个同性恋，还是男方。

我梦见自己去接大学不同班的一个女生，那个女生叫静，又瘦又黑，眼睛很大，性格很火辣。在梦里，我似乎有点清醒，心想，为什么会做一个自己是同性恋的梦呢，而且我也不可能喜欢这种女生吧。现实生活中，我跟那个叫静的女生以前是同一个大学的，我们都是各自班上的佼佼者。代表各自班级出来参加比赛时，我们会偶尔遇见，但也算不上什么朋友，只是认识而已。

回到梦境里，我梦见自己骑着自行车去接她。她和同学在一起，好像等了很久。我一到，她就很不高兴地大声说我，我赶快用自行车把她接走了。我心想，同性恋又不是什么光彩的事，还这么大声。于是，我加快速度骑车。她坐在车后面，心情似乎很好，还哼着小曲。我又想，原来同性恋者会这么高兴呀，不过当男方不好，蹬车这么累。

静对我说："其实你什么都好，就是没有钱！"我对她说："我这不是在用自行车载你吗？自行车也是车呀！"静回答说："那也是，也是。"

我似乎载着她骑了很远。突然，画面变成了像刚刚地震一样，准确地说，更像是世界刚刚被毁灭一样。天是阴沉的，远方的变异蚊子军团向这边飞过来。我想，这下可完了，而且我好像有点蹬不动车了。接着，我遇到一个背着大包的老人，我问他知不知道回故乡的路在哪里。他回答的话，我却一句都听不懂。

我只能继续往前面走，生怕自行车会爆胎，心想，坐在后面的同志是不是该下来走走呢。虽然说我是男方，要照顾她，但现在是在逃命呀，也应该有点危机意识吧。这时，我们又遇到一个老奶奶牵着一个小朋友，我又问她，回故乡的路怎么走？她指着远处，说翻过那座山，山脚下就是了。我看着那些被毁了的路，心想，能够到达吗？但还是骑车继续走了下去，待在这里总是不安全的……

之所以会做这个梦，是因为昨天是我做完近视手术的第二天。我待在家实在无聊，就和老妈一起去新买的房子那里看看。我老妈的好朋友也在那里买了房子，已经入住了。到了中午，她的好朋友非要留我们吃饭。这时，主人家的女儿也来了，跟我是同年生的，我们以前就认识，她是个会弹琴，会画画，表面很秀气、很文静的女生。虽然我们认识很久了，但我一直都跟她保持距离，总觉得这个女生跟我不合拍。

吃饭的时候，她说每个月会给她妈妈两百块，是为了让父母高兴，而父母高兴就是她最大的幸福。在我看来，这些话是没必要说的，说了反而很假，两百块本来就是个“表面功夫”。然后，她又跟我咬耳朵，让我说服她妈去买个大房子，因为她妈又准备投资小房子。她说我是做房地产的，她妈肯定会听我的建议。但是，在桌子上，当着大家的面，她却说：“其实，我妈买大买小跟我又没关系，这是我妈和我爸的幸福，我迟早是要出嫁的！”

我的眼睛刚做了手术，大家都很关心我，问我效果如何呀，说要好好休息呀。还有一些家长说：“没有关系的，我的小孩也做过，恢复得很好。”

那个女生也说："我也是打算做啦，看见你做了，我就更放心了。"可私下又悄悄跟我说："其实，我有同事做过，后来还是要用眼镜。你看，你的眼角好像长了个东西。"其实，我眼角长的东西跟做手术根本没有关系，是我以前用眼过多，发炎引起的。我就很反感这样的女生，当着人面是一套，背后做出来的又是一套。

走的时候，那个女生还很大声地说："来来来，我来扶你，要小心哦！"结果，又在我的耳边说："你以后不能看太多东西的，不然眼睛还是会坏的！"

老实说，我这辈子最不能忍受的就是表里不一的女生，表面上像个乖乖女，善解人意，背地里老是用让人不爽的言语和动作来制造恐慌和不安。当我近距离接触这种人的时候，总有种想马上逃开的感觉……

以上就是梦女的梦境以及她认为导致这个梦境的原因。各位看明白了吗？我想，各位应该跟梦女一样，看是看明白了，还是有些不理解。梦女是一个如假包换的异性恋者，为什么会做有关同性恋的梦呢？下面，我们来揭开这个谜底吧。

同性恋对于异性恋者梦女来说，是一种什么感觉呢？厌恶，并且希望尽快摆脱，但是却无法脱身。梦女正是因为对那个表里不一的女孩有这种感觉，所以才会做出这样的梦。梦女将自己置身于一场同性恋情之中，内心厌恶，却无法摆脱。从实际情况来看，梦女有种"被同性恋"的感觉，也就是被卷入一件自己不喜欢的事情之中，但又不得不去应付；被人当枪使，而又不得不帮人圆场（因为她是男方，要负责任）。这种感觉，就是异性恋者被"同性恋"之后的感觉。

我们看到，人类的想象力有多丰富啊，竟然可以用这样的方式来表达自己内心的感受。

下面，我们来详细分析。

【梦境第一段】

我梦见自己去接大学不同班的一个女生，那个女生叫静，又瘦又黑，眼睛很大，性格很火辣。在梦里，我似乎有点清醒，心想，为什么会做一个自己是同性恋的梦呢，而且我也不可能喜欢这种女生吧。现实生活中，我跟那个叫静的女生以前是同一个大学的，我们都是各自班上的佼佼者。代表各自班级出来参加比赛时，我们会偶尔遇见，但也算不上什么朋友，只是认识而已。

透过这段梦境，我们看到了什么？那就是梦女用静象征现实中那个令人讨厌的女孩。她们有什么相似之处吗？我们来看梦女对现实中的女孩的描述：

这时，主人家的女儿也来了，跟我是同年生的，我们以前就认识。她是个会弹琴，会画画，表面很秀气、很文静的女生。虽然我们认识很久了，但我一直都跟她保持距离，总觉得这个女生跟我不合拍。

各位有没有感觉到，梦女对女孩的感觉跟她对静的感觉如出一辙？静是隔壁班的佼佼者，梦女虽然跟她打过交道，但却只是礼貌性的问候。为什么？因为梦女看不上她，觉得她不是自己喜欢的类型，或者说是可以跟自己比一比的人。人的潜意识中都会有这种“相轻”的感觉，如同“文人相轻”一样，而梦女对现实中的女孩的感觉也如此。因此，梦女在现实中对那个女孩的认知和态度，与对静的认知和态度是一致的，也就是看不上眼。

【梦境第二段】

我梦见自己骑着自行车去接她。她和同学在一起，好像等了很久。我一到，她就很不高兴地大声说我，我赶快用自行车把她接走了。我心想，同性恋又不是什么光彩的事，还这么大声。于是，我加快速度骑车。她坐在车后面，心情似乎很好，还哼着小曲。我又想，原来同性恋者会这么高兴呀，不过当男方不好，蹬车这么累。

这一段表达的是什么呢？我们来看，骑车类似于抬轿，都是带人。因此，在这里，梦女骑车带静，其实是在给女孩抬轿。梦女觉得自己抬得很辛苦，但是坐轿的人却很轻松，还哼着小曲，而且还指手画脚，似乎还有些不满（她就很不高兴地大声说我）。那么，梦女赶紧用车将她接走。梦女觉得同性恋又不是什么光彩的事情，用不着大声说，这又代表了什么意思呢？在这里，梦女认为现实中的女孩表里不一，并不是什么光彩的事情，就像同性恋一样，是见不得光的。但是，在现实生活中，那个女孩似乎毫无顾忌，在自己面前扮演着各种角色，还让梦女给她抬轿，这令梦女本能地产生一种替人掩饰的心理。其实，这是人类的同情心与羞耻心的潜意识流露——我们总是习惯于帮人掩饰，以免别人遭受尴尬。虽然梦女觉得帮她掩饰很累，心里也很抵触，但仍然不由自主地去帮她。

【梦境第三段】

静对我说："其实你什么都好，就是没有钱！"我对她说："我这不是在用自行车载你吗？自行车也是车呀！"静回答说："那也是，也是。"我似乎载着她骑了很远。突然，画面变成了像刚刚地震一样，准确地说，更像是世界刚刚被毁灭一样。天是阴沉的，远方的变异蚊子军团向这边飞过来。我想，这下可完了，而且我好像有点蹬不动车了。接着，我遇到一个背着大包的老人，我问他知不知道回故乡的路在哪里。他回答的话，我却一句都听不懂。

这一段的开头是梦女对女孩势利的演绎，如同不把村长当干部一样，女孩也不把自行车当车。接下来，梦女觉得好像世界末日真的到来了，天是阴沉的，前方的变异蚊子军团向这边飞过来。这些表达的是梦女对女孩的品行和做法的看法，梦女认为她的行为完全颠覆了自己的内心世界和价值观。“变异蚊子”寓意一种人性的变异，这可能也是导致同性恋梦境的原因。因为对于异性恋者来说，同性恋就是一种“变异”。而且，梦女觉得现实生活中的女孩就是一个异类，自己又被迫与她绑在一起，所以才会产生同性恋梦境。

在这种情况下，梦女很绝望（我想，这下可完了），而且感觉很难再继续下去了。这时候，她遇到了一个背着大包的老人，梦女问他回故乡的路在哪里，但是老人的回答，梦女一句也没有听懂。其实，这一段描述的是梦女的感觉。所谓“故乡之路”，指的是传统的价值观念。梦女觉得很奇怪，传统的价值观念到哪里去了，怎么现在的人都这样啊？老人当然是传统价值观的代言人，他的回答，梦女没有听懂，这表示梦女很迷惑，其实她也找不到答案。

【梦境最后一段】

我只能继续往前面走，生怕自行车会爆胎，心想，坐在后面的同志是不是该下来走走呢。虽然说我是男方，要照顾她，但现在是在逃命呀，也应该有点危机意识吧。这时，我们又遇到一个老奶奶牵着一个小朋友，我又问她，回故乡的路怎么走？她指着远处，说翻过那座山，山脚下就是了。我看着那些被毁了的路，心想，能够到达吗？但还是骑车继续走了下去，待在这里总是不安全的……

这一段是上一段的延续，梦女怕自行车爆胎，有两种寓意。第一是怕自己承受不了；第二是怕自己替女孩掩饰这件事情会暴露。因此，梦女希望女孩来承担，不要老拿自己做挡箭牌（坐在后面的同志是不是该下来走走呢）。虽然梦女受她之托，帮她抬轿，但是她也该有点危机意识吧，自己来处理这件事情。最后，梦女又遇到一个老奶奶牵着一个小朋友，她再次问起故乡的路，这次，老奶奶似乎讲清楚了，但是路途似乎很遥远。这表达的是梦女对传统价值观念的认同。然而，通往传统价值观的道路似乎已经被毁灭了（这是梦女对现代社会的感悟），梦女心存疑问（心想，能够到达吗），不过，还是觉得应该沿着这条（正确的）道路走下去。因为现代社会的这种异化了的价值观念令人有一种不安全感（待在这里总是不安全的）。

这就是整个梦境要表达的寓意。由于一场饭局中一位女孩的表现，产生了这个同性恋的梦境，也表现了梦女对这种异化了的女孩的看法，以及她对传统价值观念的认同。

这个梦表达了我们在人际交往中的常见心理，表面上在应付，内心却极度厌恶，希望尽快摆脱这种状态。其实，人际交往的困境并不在于对方有多难打交道，而在于我们这种厌恶情绪。而这种厌恶情绪一旦产生，就如紧箍一样套在我们头上，让我们浑身不舒服。

如果我们能够用一种更平和的心态、更包容的态度去对待人际交往中的人和事，就不会产生恐惧情绪，也就能够更加从容地跟人打交道。

3. 拯救白素贞——理想与现实之愁

青春期是寻找自我、寻求自我认同的时期。这个时候，之所以会出现追星族，是因为人们想通过对偶像的崇拜来确定自我的存在。青春期的迷乱和波动，也正是人们对自我的不确定。这是寻找自我的一段必经历程，用不着大惊小怪。因此，青春期一个最关键的任务就是寻找自我。我是谁？从哪里来？要到哪里去？当这些问题得到答案之后，人就基本上变得成熟了。

一位80后白领做了一个跟《白蛇传》有关的梦。下面是她的梦境：

我梦见白素贞掉到坑里去了，我拼命救她，救了又掉，掉了又救，救了一晚上，救不动了，我就变成了她。她穿着白色衣服，可我穿的却是现代的衣服。中间还穿插着对话，她对我说："真的谢谢你，但是太难了，你不要救我了。"可是我没说话，心中只有一个念头，要把她救出来。

这个梦，梦女曾经每天都做，后来就不做了。可一段时间之后，又开始做了。

如何来解这个梦呢？解梦的第一条原则：每个梦都有一个主题。那么，这个梦的主题是什么呢？很简单，也很清晰，那就是拯救。

拯救什么呢？那就要搞清楚白素贞的故事。白素贞，白蛇精也，爱上了做药材生意的许先生，不惜放弃自己现有的一切，去追求自己的爱情，最终被压在雷峰塔下。

那么，这个梦是拯救感情吗？不是，这个梦与感情因素的关系不大，但跟理想的实现却有很大关系。也就是说，这是一个关于拯救理想的梦。梦女刚开始是拯救白素贞，最后自己变成了白素贞。到这里，这个梦峰回路转，从拯救他人变成了自我拯救。人的自我防御机制是不会把自己需要拯救的心理暴露出来的，因此梦女借助白素贞这个外部人物，来表达自己渴望被拯救的心理。白素贞向梦女所说的“太难了，你不要救我了”，实际上是梦女自己内心深处的呐喊。

为什么会有这种心灵深处的呐喊呢？因为梦女陷入了理想和现实的强烈冲突之中。梦女深刻地体会到，人哪能那么轻易地按照自己的意愿去生活呢？于是，她把对理想的追求深深埋藏起来，由于现代生活繁忙，而无暇顾及它。

但是，被埋藏、被忽略与没有是两回事。理想一旦产生，就会像树的根须一样，深深扎根在我们的心灵土壤中，汲取我们的营养，不显山不露水地生长着，这从土壤表面上是看不出来的。也就是说，当理想在我们的心中生长时，我们是意识不到的，即使遇到阻碍，它也会克服一切困难，顽强地生长。下面，我用我家屋顶花园上的树根生长的故事来说明这个问题。

我家住五楼，顶层。有一天，一个洗手间的抽水马桶堵了，怎么也找不到原因。最后终于找到了，罪魁祸首就是我家的屋顶花园。

我在屋顶上建造了一个花园，覆土三十厘米，种花草，植树木，搭藤架，吊秋千，舒适又惬意。但是，由于覆土太浅，芒果树的根须无法向下延伸扎根，只能横向生长，它竟然横穿整个花园，钻入下水管里，又沿着下水管向下延伸，最后在我家抽水马桶的出口，盘根生长。当我把它揪出来时，竟然有好几米长！

理想在我们心中的生长也是这样，它在我们的潜意识里生长，不知不觉就长成了参天大树。

理想就好比躁动的青春，而如何将理想融入现实之中，则是我们应该面对的问题。在梦境中，梦女想进行自我拯救，却又无法自救，所以她只能通过对别人的拯救来释放这种埋藏在潜意识里的情怀。

由此可见，找寻自我、实现自我其实并不是一件容易的事情。它需要艰苦努力，更需要经过艰辛的心路历程，才能实现。

4. 找不到回宿舍的路：寻找情感归宿之愁

情归何处？这是人生永恒的话题。每个人都希望能够找到自己的情感归宿。对于我们而言，情感归宿就像回家的路一样，熟悉而又亲切。即使闭上双眼，也不会迷路。然而，如果你没有情感归宿，即使睁大双眼，也会迷路——因为没有指引你前进的方向。

青春期所面临的最大困境就是找不到情感归宿，不知道自己需要什么样的情感，也不知道自己需要的情感到底在哪里。有时候，情感归宿之路就在你的脚下，但是你却看不见……

一位梦女做了一个梦，下面是她的叙述：

我好像回到了学生时代，貌似大家都放假回家了，宿舍里只有我一个人。我觉得自己一个人睡觉，太害怕了，就想找个同学来做伴，所以就找了现在在北京读研的一个姓李的女同学，但是我好像在梦里没有看到她。

后来，我从宿舍出来了，上半身只穿着内衣。我很害怕，心想这样怎么能出去呢，但还是出去了。一路上，好像没有人觉得我特奇怪，我拼命往下拽自己的上衣，居然能遮住上半身，像个吊带。

我找不到回宿舍的路了，周围的房子好像有点欧洲风格。后来，我走进一个宿舍楼，看到里面有男生，现在很多大学宿舍是男女混住的，这倒没什么。但是，当我走到一楼的最里面，拉开门时，发现有个男生在洗澡，这才知道自己走进男生宿舍楼了。

我跑出来，继续往前走，好像又来到了高中时候的教学楼前面，还碰到了一个领导，好像是教育部的领导，她好像在说"这人怎么穿成这样"，我就走开了。

我又来到一个很大的市场里面。这时，来了一个人，对我很不友善，拉着我就走。我拼命地喊救命，还给一个姓李的初中同学（暂且称为李2吧）打电话，让她救我，但她始终没有出现。

我发现一辆马车上坐了两个熟人：一个是我的初中同学小陈，一个是另一个同学的弟弟。我让他们救我，后来他们真的下车救我了。但是，情况并不好，接着出现了一群人，像电视剧里的丐帮，他们穿得破破烂烂的，敲着碗。小陈居然带着他们造反，说因为我父亲，他们失去了工作。我好像知道这件事情的原委，实际上，父亲为了他们的工作，做了很多努力，我就给他们解释……

后来，教育部的那个领导来了，问我和小陈是什么关系，意思好像是不准我们谈恋爱什么的。小陈理直气壮地说："我们俩在谈恋爱，准备下个月领证，下下个月结婚。"突然，我们的身份好像变成了大学生，或是研究生，就是到了结婚年龄。我说："这么仓促，能行吗？"他说："行。"对于我的这个初中同学，我今天想了好久，才想起来他的姓，名字还不确定呢。我们一直没有任何联系，不知道为什么会梦到他。后来，他要去旅馆开房间。我说："那怎么行？我们还没有结婚呢。"他竟然说："我们结婚了呀，你忘了，这是我们的结婚证。"我看到了红色的证件，但是并没有看到里面的照片。

最后，我们还是做了一些那方面的事情，但是很短……我就醒了。

关于姓李的同学，她在北京交通大学读研究生，家里条件不错，我们俩的关系还行。她是那种非常善良，能做朋友，但是却觉察不到别人心事的人，有点粗心吧。她谈过好几个男朋友，他们都特宠她，并且还有一个共同的特点，都爱吃醋。我一直觉得她人生的每一步都是她父亲安排好的。最近，我俩一直在通电话，说要见面。前一段时间，我过生日，但是他们学校管得有点严，外人不能留宿，所以我晚上一般不能去找她。

我有过两个男朋友。其中一个是我高中同学，在我心目中，他一直是个很完美的形象，但我们就是没有进一步发展的缘分。另一个男生，姓赵，我们可以说是青梅竹马吧。后来高考，我发挥得不好，于是提议分开，他竟同意了。

然后，就是长时间的空白状态。最近，有个初中同学在追我，我们的关系还可以，但不是交心的那种，他并不了解我的为人。还有，我的初中同学有几个结婚了，以前关系挺好的，现在都有点疏远了，包括我打电话喊救命的那个李2，有时想起来，是有点伤感。

关于父亲，父亲曾经是小学校长。当时，为了建学校，他花费了很多心血。学校建成之后，有些账对不上，父亲被人诟病。最后，家里补了几千元钱，才算了事。那时候，我们还小，几千元钱是一笔很大的数目。最近几年，父亲得了脑梗塞，身体不好。前天晚上，姐姐给他打电话，打过之后，觉得很心酸。

看完梦女的叙述之后，为了对梦境的背景有更深入的了解，我与梦女展开了对话。

梦侦探

你那个梦也可能与你最近的情感经历有关，说说吧。

梦女

最近，其实还是很空白的。

那个很完美的男生，前一段时间，我确实跟他说过我们之间的事情，结果，当然还是那样。我本来也没抱太大的希望。

梦侦探

说说最近追你的那个初中同学和你之间的事情。

梦女

我们是初中同学，但是从上高中后就没怎么见过面。原来他也没说过什么，就是偶尔打过电话，自从毕业后，联系倒频繁了些。

前一段时间，11 月 11 日，光棍节那天晚上，他给我打电话，还是说感情问题，问我的标准是什么。我说，没什么固定标准，有感觉就行。

他根本不了解我的性格。我总觉得，在他心目中，我始终是以前那个形象，他把我想象得太完美了。这么多年不见，谁都不知道谁现在怎么样了。

他也不是我喜欢的类型。其实，我已经跟他说得很明白了。

梦侦探

他是不是认为你们两个好应该是顺理成章的事情？或者说，他说自己喜欢你很久了，是从初中开始的。

梦女

嗯，他是这么说的。但是，我觉得他的想法很不成熟。

梦侦探

这次联系之后，他就谈到了你们的未来，包括结婚问题？

梦女

嗯，他说他打算明年结婚，不管跟谁。我说那肯定不是我，我明年肯定不会结婚的。他目前在山西上班，还老说大城市不好，让我回家去。

梦侦探

其实，你有点反感他这种做法。

梦女

有点，他老爱说“你是大城市的人，看不上我们小地方的”，我很不喜欢他这样说。

梦侦探

他这样说的时候，你应该给他解释，表明你不是这个意思，没有看不起他。

梦女

说过，但是改变不了他这种想法。

梦侦探

说说李2的情况吧。

梦女

她也是我的初中同学，那时候，大家都还小嘛，女孩子总有很多很多的秘密，她喜欢过我上面提到的赵同学，这件事我知道。

那时，我和李2的关系挺好的，但是去年她结婚的时候，居然没有通知我，我挺难过的。我真的不在乎给别人送红包，即使将来收不回来也无所谓，就是想要见证她的幸福。

前两天，她过生日，我给她打电话，结果两个号码都是空号。我打听了好几个人，才找到她现在的联系方式，心里酸酸的。

梦侦探

看来，这个梦还是跟你这一段情感有关，跟工作关系不大。你跟原来那个赵同学正式谈过朋友吗？

梦女

没有，那时候不敢。高中嘛，就是两个人知道彼此喜欢而已。

梦侦探

那你从来没有过真正的男朋友？

梦女

可以这么说，我自己也这么认为。

梦侦探

你觉得父亲的委屈是你的委屈吗？

梦女

不是，父亲的委屈居多，我没有觉得自己委屈，可能是我没有发现的问题，所以想听听您的意见。

梦侦探

好的。

我们看到，谈话进行到这里，这个梦境就基本清楚了。这是一个因情感问题而引起的梦境。下面，我们来具体分析。

【梦境第一段】

我好像回到了学生时代，貌似大家都放假回家了，宿舍里只有我一个人。我觉得自己一个人睡觉，太害怕了，就想找个同学来做伴，所以就找了现在在北京读研的一个姓李的女同学，但是我好像在梦里没有看到她。

这一段是梦女对自己的情感问题的反思。梦境中，梦女回到学校，就是回到过去，宿舍就是自己的心灵归宿。宿舍里只有一个人，表明梦女现在很孤单，她的心中并没有别人，所以有点孤单、害怕。这时候，梦女想起一个人，在北京读研究生的李同学。梦女为什么想让她来做伴呢？她们最近联系得比较频繁，因此李同学在梦境中出现很正常。最主要的是，李同学是梦女此时此刻的重要参考物。

根据梦女的描述，李同学有三个特点：第一，神经大条，粗心，不敏感；第二，谈过几个男朋友，每个男朋友对她都很好，都特宠她；第三，她很顺利，她人生的每一步路都是她父亲安排好的。李同学的这三大特点正对应了梦女的三大特点：一是梦女多愁善感，因此，希望自己能够像李同学那样大条些，这样就不会那么容易伤感；二是李同学的男朋友对她都很好，很宠爱她，而梦女的男朋友对梦女似乎都很冷淡，没有那么关怀和宠爱她，所以梦女渴望遇到宠爱自己的人；三是梦女的人生路都是靠自己走出来的，而李同学却在父亲的安排下一帆风顺。

【梦境第二段】

后来，我从宿舍出来了，上半身只穿着内衣。我很害怕，心想这样怎么能出去呢，但还是出去了。一路上，好像没有人觉得我特奇怪，我拼命往下拽自己的上衣，居然能遮住上半身，像个吊带。

这一段讲的是梦女的自卑和胆怯心理。穿着内衣走在外面，你会有什么样的感觉？胆怯和自卑？梦女为什么会有这种感觉，这跟她前两次的情感失利有关，特别是第二次与赵同学的情感纠结。当梦女提出分手时，他竟然答应了，并没有表现出对梦女的依依不舍，这对梦女的伤害很大，她开始怀疑自己的魅力，因而产生了自卑感。梦女拼命地往下拽自己的衣服，希望遮住上身，其实这是在掩饰自己的内心。内衣居然能盖住上半身，表明梦女总算松了一口气。

【梦境第三段】

我找不到回宿舍的路了，周围的房子好像有点欧洲风格。后来，我走进一个宿舍楼，看到里面有男生，现在很多大学宿舍是男女混住的，这倒没什么。但是，当我走到一楼的最里面，拉开门时，发现有个男生在洗澡，这才知道自己走进男生宿舍楼了。

这一段，梦女再次提到了宿舍。找不到回宿舍的路，意味着梦女找不到自己的心灵归宿。周围的房子有点欧洲风格，表明时过境迁，自己进入了一个更加陌生的环境。后来，梦女进入宿舍楼，看到男生，表达的是一种情感的渴望。男女混住，表明梦女渴望与异性交往。后来，梦女打开门，看到一个男生在洗澡，才发现自己走进了男生宿舍，这是梦女对前一段感情的反思。看到男生在洗澡，又离开了，表明梦女已经看到情感希望了，不过并没有坚持下去，而是放弃了，这也是梦女与赵同学的情感关系的写照。

【梦境第四段】

我跑出来，继续往前走，好像又来到了高中时候的教学楼前面，还碰到了一个领导，好像是教育部的领导，她好像在说“这人怎么穿成这样”，我就走开了。

梦女继续走，表明她在继续寻找心灵的归宿。这时候，出来一个管教育的领导，对梦女的穿着不满，这是梦女自卑心理的表现。管教育的领导并没有具体指谁，而是梦女潜意识中的超我或者权威形象，通过这种指责，强化了梦女的自卑心理。这里，管教育的领导的出现，其实源于梦女的父亲曾经是一个小学校长，并且受过一些挫折，梦女把这两者联系起来，是一种类比的手法。

【梦境第五段】

我又来到一个很大的市场里面。这时，来了一个人，对我很不友善，拉着我就走。我拼命地喊救命，还给一个姓李的初中同学（暂且称为李2吧）打电话，让她救我，但她始终没有出现。

这一段说的是什么呢？其实，这一段是触发整个梦境的原因。梦境中的不友善行为，正是源于现实中的初中同学对梦女的追求。在上面我与梦女的对话中，当我问到“他是不是认为你们两个好应该是顺理成章的事情？或者说，他说自己喜欢你很久了，从初中开始的”时，梦女的回答是这样的：“嗯，他是这么说的。但是，我觉得他的想法很不成熟。”这说明梦女对他产生了不满，因为他的行为有点像“混乱的市场中人们的行为”，即没有规矩。

应该说，初中同学追求梦女这件事情，是梦女做这个梦的主要原因。

因为这件事情触发了梦女对自己情感经历的反思。原来的两段感情都是中学时发生的，现在一个初中同学的出现，令梦女触景生情。一方面，梦女觉得这个初中同学确实不是自己心仪的人；另一方面，梦女因为前两段感情受挫而导致了自卑心理，她不愿再打开自己的心扉，接受新的感情。

在梦女想逃脱初中同学的追求时，一个人出现了，这个人就是梦女的另一个同学李 2。

李 2 又是什么人呢？梦女是这样描述她的：她是梦女的初中同学，曾经喜欢过梦女的“前男友”赵姓同学。梦女觉得自己与她的关系挺好的，但是去年她结婚的时候居然没有通知梦女，这令梦女很难过。后来，她还换了电话号码，梦女问了好几个人才找到她的号码。因此，梦境中，梦女向李 2 喊救命，其实是对逝去感情的怀念，希望重拾这段感情。

【梦境第六段】

我发现一辆马车上坐了两个熟人，一个是我的初中同学小陈，一个是另一个同学的弟弟，我让他们救我，后来他们真的下车救我了。但是，情况并不好，接着出现了一群人，像电视剧里的丐帮，他们穿得破破烂烂的，敲着碗。小陈居然带着他们造反，说因为我父亲，他们失去了工作。我好像知道这件事情的原委，实际上，父亲为了他们的工作，做了很多努力，我就给他们解释……

这时候，两个初中同学出现了，救了梦女。其实，这表明初中同学的追求，填补了梦女在情感方面的空虚，毕竟有人追求并不是一件坏事，至少自己不那么孤单了。然而，这种所谓的“拯救”情况并不妙，梦境中出现了类似丐帮的人，初中同学小陈摇身一变，带领他们造反。这其实与梦女提到的初中同学“目前在山西上班，还老说大城市不好，让我回家去”有关。所谓的丐帮，其实就是大城市看小城市的角度。为什么会造反？因为“他老爱说，‘你是大城市的人，看不上我们小地方的’，我很不喜欢他这样说”。为什么梦境中初中同学会以对父亲有意见为理由呢？这可能源于梦女的父亲在事业上所受的挫折给梦女带来的影响，因为所有的谴责都会让梦女想起小时候父亲遭遇过的类似的事情。对于初中同学的这种想法，梦女虽然说过，但是改变不了他的想法，这表明梦女已经解释过了，这也正是她在梦境中替“父亲”所做的解释。也许，这是梦女在潜意识中为父亲当年的冤屈所做的解释。

【梦境第七段】

后来，教育部的那个领导来了，问我和小陈是什么关系，意思好像是不准我们谈恋爱什么的。小陈理直气壮地说：“我们俩在谈恋爱，准备下个月领证，下下个月结婚。”突然，我们的身份好像变成了大学生，或是研究生，就是到了结婚年龄。我说：“这么仓促，能行吗？”他说：“行。”对于我的这个初中同学，我今天想了好久，才想起来他的姓，名字还不确定呢。我们一直没有任何联系，不知道为什么会梦到他。后来，他要去旅馆开房间。我说：“那怎么行？我们还没有结婚呢。”他竟然说：“我们结婚了呀，你忘了，这是我们的结婚证。”我看到了红色的证件，但是并没有看到里面的照片。

这一段，教育部的领导又来了，其实就是梦女的超我又来了。超我质问梦女，她的初中同学跟她到底是什么关系。这时候，小陈似乎非常肯定自己与梦女之间的关系，并且告诉梦女他们已经结婚了。这一段源于初中同学在追求梦女时的做法，因为这个同学似乎自顾自地认为梦女应该与自己好，并且提到谈婚论嫁这样的话题，还很强硬地决定明年结婚，不管是跟谁，这其实是逼梦女就范。梦女对此很反感，她觉得“这么仓促”就是对他这种行为的反应。但是，初中同学似乎还是一意孤行，有股誓不罢休的劲头。因此，梦境就变成了初中同学说他们已经结婚了，还要带她去开房，并且告诉她他们已经领了结婚证，似乎跟真的一样。梦女看到了结婚证，却看不到他们的照片，这说明梦女在内心深处还是无法完全接受这位追求自己的初中同学。

【梦境第八段】

最后，我们还是做了一些那方面的事情，但是很短……我就醒了。

这是梦境的最后部分。在这一部分里，梦女与同学发生了关系。可能有人要问："既然不喜欢，那为什么要发生关系呢？"其实，梦境中，他们发生了关系，并不代表梦女对初中同学的认可，而是因为她的情感空白的时间太长了，每个人都有情感的欲望，因此借助梦境来发泄自己压抑许久的情欲是一件很正常的事情。这与梦境中的男主角无关，只与梦女自己的情欲需求有关。

这就是整个梦境。通过这个梦境，我们看到梦女在情感空白一段时间之后，再次遇到了追求者。一方面，她对自己过去的情感进行了反思；另一方面，她又因为过去的情感受挫所致的自卑感和敏感而不能敞开心扉，去接受新的情感。因此，梦境表达了梦女在面对初中同学的追求时的种种心态。从梦境来看，梦女对初中同学既不反感，也没有完全接受。我们不能说梦女的这种反应是与初中同学没有缘分，因为我们不知道过去的情感受挫对梦女的影响到底有多大。如果梦女能够完全敞开心扉，去接受一段新感情，与追求自己的初中同学更加深入地沟通和了解，那么，她很快就能走出过去的阴影，收获爱情。

5. 倒在乱刀下——人生之愁狂想曲

对于青春来说，如同人生何处不相逢一样，人生处处都是愁，因为一腔热血不知洒向何处。你面临着情感的困惑、婚姻的不适、人际关系的困惑、事业的困惑等，如何突破呢？空有一腔热血是解决不了问题的。然而，你却难以平复青春的浮躁与内心的激昂，青春就是在这种激情昂扬中慢慢走向成熟……

一位80后梦主自述了他和朋友喝酒之后所做的一个很激烈的梦。梦境如下：

我梦到自己去石家庄旅游，还是乘飞机去的。其实，我住的地方离石家庄很近，也就一百多公里，不知道为什么要乘飞机去，可能是我去三亚的情形再现，因为梦中我在酒店退房的情节和在三亚时一样。我从酒店退了房，然后去火车站买回家的火车票——这时，我又考虑坐火车了。

买完票之后，我去以前同事们常去的一家饭店吃饭。这个饭店仿佛是现实中青岛的一家饭店，是青岛的同事们常去的那家。这家饭店的规模比较大。进去之后，我开始点菜。结果，上来的第一道菜就让我很生气，水煮鱼，几乎全是油，看不到什么鱼，服务员还说这条鱼有四十斤，因为是按斤数卖的，所以一道菜有四十斤，简直太离谱了。我便质问服务员，说他们的电子秤是不是出了问题。于是，我站在电子秤上称了一下，一看，我的体重竟然是八百多斤，很明显，这是黑心秤啊！

尽管很气愤，但我还是继续点菜，于是又点了一道番茄炒蛋。我很纳闷，这种简单的菜，怎么饭店里也会有。我刚夹了一口菜，发现里面有螺丝。我非常气愤，便把服务员叫过来质问。服务员说你看到螺丝了夹出来不就好了。我狂晕，更加气愤了。于是，我用筷子翻了翻菜，又发现很多螺丝、铁丝、螺母，我气急败坏地破口大骂起来。这时，一个领班过来跟我解释，貌似是在解释，实际上是在狡辩。我心想这是一家怎样的饭店啊。

我开始摔盘子，并扬言说摔一个给他们一个盘子的钱。于是，我尽情地摔了起来。摔掉五六个之后，有两个飞起来的碎片划伤了站在我身边的父亲的胳膊，出血了，我紧张坏了，好在不是很严重。我想赶紧埋单离去，服务员把账单拿给我看。我傻眼了，两个菜，几个盘子，竟然要收我一万五千八百元。这简直是抢劫嘛。

我气得起来就往外走。后来，他们老板跟了出来，要跟我商量。我把他们老板拉过来，手搭在他肩膀上，低声问他："你混哪儿的？太过分了，都是道上混的，不要把事情做得太绝。"此时此刻，我仿佛也是一位黑道人物，光着膀子和这个饭店老板谈判。这个老板不买账，打算使劲甩开我。我一下子咬住他的耳朵，打算把它咬下来。咬的时候，我觉得很有肉感，很真实。突然，我发现他右手拿了一把刀，猛地朝我的腹部刺来。当时，我已经躲不开了，心想坏了，黑吃黑啊。结果，我的左腹瞬间多了一个窟窿，流血不止。我捂着小腹正要逃走，突然，又出现了五六个持刀的大汉，他们拿着砍刀冲上来，接着我便倒在了血泊里……

梦主是一位80后男生，已婚，是一家五星级酒店的企划主任，性格忧郁和多愁善感，喜欢听忧伤的曲子，看比较悲情的节目，最崇拜的人是电影《杀手阿一》里的阿一。

梦主自述，白天因为忙碌领导装修的事情，加上天气闷热，已经觉得有点头疼了，当晚又跟一帮朋友聚会，喝了一些酒，更加觉得头疼。于是，回家后倒头就睡，做了上述这个梦。

醒来后，梦主很纳闷，当晚和他一起喝酒的朋友是前不久一起去三亚旅游的朋友，梦到旅游这件事情可能是与此有关。除此之外，他找不到触发这个梦境的其他原因。因此，他希望我能够帮他揭开梦境的真相。于是，我与梦主进行了沟通。

梦主说他目前正处于人生阻滞期，比较压抑。工作没有什么激情，每天都是做一些琐碎的事情，工资很低。事业上想突破，又找不到方向；帮领导跑腿，又觉得很烦，不愿意去做，但又不得不做。面对人生的瓶颈，再加上刚刚新婚不久，原来准备结婚后就辞职，重新规划人生和事业，但是迫于生活的压力，还是选择了妥协。

虽然是新婚，但梦主对婚姻也产生了困惑，觉得老婆没心没肺、慵懒不上进，自己有种恨铁不成钢的感觉。最近，老婆的一个亲戚来家里住，梦主非常反感，再加上又是夏天，感觉很不方便，在家里不能随心所欲。

最近，梦主想在生意上有所突破，做了几单生意，忙了几个月，结果都以失败告终，感觉很沮丧。特别是其中的一个装修工程，自己花了很大的力气去石家庄跑项目，最终却没有成功。然而，梦主觉得更多的沮丧应该来源于自己人生的三大错误：一是考大学差一分而没有考上北京的重点大学，对于这件事情，自己一直耿耿于怀；二是母亲去世的时候，如果自己前一天晚上不出去通宵，早点回家，也不会酿成悲剧；三是如果他和现在的老婆晚认识半年，就会和自己喜爱的女孩有结果了。

以上就是梦主的情况。通过跟梦主的沟通，包括他所说的最近做生意失败的具体情况以及工作中遇到的一些具体问题，我没有发现任何与梦境情节类似的事情。因此，我基本上可以得出结论，这个梦境是由梦主喝酒之后，新愁旧恨涌上心头时所产生的。我们知道，人在喝酒之后，理性和意识会受到抑制，这样的结果是很难控制潜意识的，更容易浮想联翩。另外，大脑在酒精的刺激下，所受的约束变少，内在的冲突就会变大，压抑的情绪就更容易释放出来。一般而言，大部分的酒后梦境都有比较激烈的情节，冲突和感情的起落也比较大。而这个梦就具有这样的特点。

下面，我们来详细分析这个梦境。

【梦境第一段】

我梦到自己去石家庄旅游，还是乘飞机去的。其实，我住的地方离石家庄很近，也就一百多公里，不知道为什么要乘飞机去，可能是我去三亚的情形再现，因为梦中我在酒店退房的情节和在三亚时一样。我从酒店退了房，然后去火车站买回家的火车票。这时，我又考虑坐火车了。

这一段梦境是因梦主曾经去过三亚旅游并且当晚一起喝酒的朋友就是一起去旅游的朋友而起。这里有一个细节，梦主觉得难以理解，那就是为什么自己在河北，去石家庄旅游，还要坐飞机去呢？其实，这一梦境有一个潜在的主题，那就是得不偿失。这么近，还要坐飞机去，不是得不偿失是什么。

那么，这个得不偿失的主题又源自哪里呢？应该说有好几个方面的渊源：

第一是工作，梦主觉得自己的工作琐碎无聊，对自己的事业突破没有作用，而且工资又低，这不是一种得不偿失的感觉吗？

第二，梦主说其中有一单生意，他花了一个多月的时间跟进，把所有的业余时间都用上了，还要经常驾车去石家庄跑项目，油费也花了不少，最后事情没有做成，这不也是一种得不偿失的感觉吗？况且，梦境中的旅游地是石家庄，更说明了它与这件事情的关系。

第三，梦主虽然新婚，但是似乎与妻子已经存在某种感情裂痕，有种后悔的感觉，这不也是得不偿失的体现吗？

这就是第一段梦境的主题——得不偿失。它囊括了梦主一段时间以来的人生感触：事业的、金钱的、情感的。

【梦境第二段】

买完票之后，我去以前同事们常去的一家饭店吃饭。这个饭店仿佛是现实中青岛的一家饭店，是青岛的同事们常去的那家。这家饭店的规模比较大。进去之后，我开始点菜。结果，上来的第一道菜就让我很生气，水煮鱼，几乎全是油，看不到什么鱼，服务员还说这条鱼有四十斤，因为是按斤数卖的，所以一道菜有四十斤，简直太离谱了。我便质问服务员，说他们的电子秤是不是出了问题。于是，我站在电子秤上称了一下，一看，我的体重竟然是八百多斤，很明显，这是黑心秤啊！

这一段梦境的主题是表象繁华、内有乾坤。我们来看，“饭店规模较大”，这表达的是某一件事情或者某一单生意看上去很美，给人无限遐想，但实际情况是什么样的呢？实际情况并不像人们想象的那样，而是内有乾坤。首先，菜虽然是论斤卖，但并没有实际内容，很浮华；其次，短斤少两，在分量上做文章，梦主还用自己做了一个比较。秤意味着一种公平，说明公平性出现了问题。

这一梦境可能与梦主跟我说的石家庄那一单装修工程生意有关，因为那单生意看上去很大，有三百万标的——“饭店规模较大”，但是，油水并不大，不仅要交十二万的竞标押金，如果没有中标，要等到一个月之后才能退款——“水煮鱼，几乎全是油，看不到什么鱼”；而且还要垫付30%的工程款，结算难度也很大，这明显是一个不对等的关系，有失公平——“我便质问服务员，说他们的电子秤是不是出了问题。于是，我站在电子秤上称了一下，一看，我的体重竟然是八百多斤，很明显，这是黑心秤啊”。

因此，这一段梦境显示了一种毫无公平可言的生意状态。看上去很好的生意，其实内有乾坤，梦主因为没有接下这一装修工程而愤懑。

【梦境第三段】

尽管很气愤，但我还是继续点菜，于是又点了一道番茄炒蛋。我很纳闷，这种简单的菜，怎么饭店里也会有。我刚夹了一口菜，发现里面有螺丝。我非常气愤，便把服务员叫过来质问。服务员说你看到螺丝了夹出来不就好了。我狂晕，更加气愤了。于是，我用筷子翻了翻菜，又发现很多螺丝、铁丝、螺母，我气急败坏地破口大骂起来。这时，一个领班过来跟我解释，貌似是在解释，实际上是在狡辩。我心想这是一家怎样的饭店啊。

这一段梦境的主题是狡辩。我们看到，这时候继续点菜，但点的是一道番茄炒蛋，说明这一次的事情或者生意比较小。但是，梦主仍然对此不满，从鸡蛋里挑出了骨头——螺丝。服务员的态度令梦主抓狂，说“你看到螺丝了夹出来不就好了”，意思是你看到问题自己解决不就好了。这激怒了梦主，于是，他挑出了更多的刺，“用筷子翻了翻菜，又发现很多螺丝、铁丝、螺母”。即使如此，领班过来解释时，表面上是解释，但是在梦主看来就是狡辩。

这一段又讲了一件什么样的事情呢？我觉得与两件事情有关。

第一是梦主说的另一件生意。这是一单比较小的生意，因为价格原因没有做成。从梦主的角度来看，责任一定是对方的，所以才会有这种问题出在对方那里，但是对方却狡辩的梦境。

第二是梦主对老婆的不满，可能是一些家庭事务，比如梦主如果发现老婆的某些做法不妥，便提出来，却受到了老婆的反击——“你既然已经看到了，为什么不自己去做呢”。此外，老婆的亲戚最近来家里住，造成了一些家庭矛盾，令梦主不爽，因而通过梦境发泄出来。其实在这里，饭店既可以是生意的象征，也可以是家庭的象征，所以结合梦主对婚姻的看法，他最后感叹“这是一家怎样的饭店啊”，意思就是说，“这是一个怎样的家啊”。

【梦境第四段】

我开始摔盘子，并扬言说摔一个给他们一个盘子的钱。于是，我尽情地摔了起来。摔掉五六个之后，有两个飞起来的碎片划伤了站在我身边的父亲的胳膊，出血了，我紧张坏了，好在不是很严重。我想赶紧埋单离去，服务员把账单拿给我看。我傻眼了，两个菜，几个盘子，竟然要收我一万五千八百元，这简直是抢劫嘛。

这一段梦境的主题是愤懑。遇到不讲理或者狡辩的人的时候，大部分人的情绪反应都是愤懑，在梦境中也不例外。在这种愤懑的情绪之下，梦主开始摔起盘子来。摔盘子当然很爽，但是后果却很严重：一是父亲受到伤害，二是自己承担后果。

那么，这一段梦境到底是什么意思呢？梦主认为梦到父亲受伤可能源于自己对父亲的一种愧疚感，感觉自己做得不够好，不能给予父亲更多的关怀和照顾。梦主对父亲的态度也是矛盾的，又爱又怨，觉得父亲过于偏执、守旧，但又吃苦耐劳，为自己操劳。梦主的这种感觉方向是对的，但不是指向父亲，而是指向梦主自己。

摔盘子的行为，我们可以理解为破罐子破摔。也就是说，在遇到人生阻滞的情况下，在事业、金钱和情感不如意的情况下，梦主有一种想要发泄的冲动，那就是一种破罐子破摔的冲动。然而，从梦境的情节来看，梦主似乎是一个十分理性的人。父亲受伤，其实说明了梦主的家庭责任感，梦主尚存的意识似乎在提醒自己，这样做的后果是令父亲失望和伤心，因为这辜负了父亲对自己的期望。

同样，最终摔坏的盘子要自己埋单，这也是理性意识下的自省，梦主觉得最终这一切都得由自己来负责，没有人可以替自己负担责任，这对自己来说，无疑是一场损失，就如同被人抢劫了一样。

因此，这一段梦境表达的就是梦主这种既愤慨又烦闷的心理。这是一种冲动与理性的较量，充分体现了梦主理性的一面，他不会轻易做出冲动的事情来。

【梦境第五段】

我气得起来就往外走。后来，他们老板跟了出来，要跟我商量。我把他们老板拉过来，手搭在他肩膀上，低声问他："你混哪儿的？太过分了，都是道上混的，不要把事情做得太绝。"此时此刻，我仿佛也是一位黑道人物，光着膀子和这个饭店老板谈判。这个老板不买账，打算使劲甩开我。我一下子咬住他的耳朵，打算把它咬下来。咬的时候，我觉得很有肉感，很真实。突然，我发现他右手拿了一把刀，猛地朝我的腹部刺来。当时，我已经躲不开了，心想坏了，黑吃黑啊。结果，我的左腹瞬间多了一个窟窿，流血不止。我捂着小腹正要逃走，突然，又出现了五六个持刀的大汉，他们拿着砍刀冲上来，接着，我便倒在了血泊里……

这一段的主题是彻底的挫败。有愤懑又不能发出来怎么办？梦主希望妥协。在梦境中，梦主与黑社会妥协，其实表达的是他希望与现实社会妥协，获得一种较为理想的生存空间。然而，现实是残酷的，并没有给梦主机会，这令梦主气急败坏，兔子急了也会咬人，他打算反抗。

可是，现实哪有那么容易突破，在社会面前，人是那么渺小。梦主的反抗是徒劳的，最终被现实的乱刀砍倒在血泊中。

这一段梦境可能源于梦主在生意中遇到的困境，更多的是梦主对生活和人生各个方面的感悟——一旦上了生活这条贼船，想要下来，几乎是不可能的。不是遍体鳞伤，就是粉身碎骨。梦主想妥协，但与生活妥协的主动权并没有掌握在个体手中，而是掌握在社会手中。在社会面前，人永远是那么渺小和无助。

因此，在这里，黑社会其实就是社会，是不讲道理的社会，是无视个体存在的社会。个体想反抗，却反抗不了；想逃避，却逃避不了，最终只能被“砍倒”。在这里，五六个大汉手拿砍刀，象征着困扰个体的各种事项：事业、情感、金钱、人际关系、学习深造等。对于梦主来说，所有这一切，在最近一段时间内都是那么不如意，都如同一把把利刀一样砍向自己，令自己伤痕累累，难以抗拒。

这就是这个梦境反映的内容，是梦主酒醉之后的自省。有具体的事项，但更多的是由具体事项所引起的联想和反思，充分反映了青春所面对的各种困境。其实，困惑在人生之中无处不在，也可以说是人生的副产品。面对困惑，最重要的是，不能急于求成，而是应该保持稳定的情绪，用理性去面对现实。这样，才有解决问题的机会，才有突破人生的胜算。

下
三十后不悔

——青春下半场之酸、甜、苦、辣、咸

三十岁之后，是青春的下半场。

青春的上半场，是充满激情与张扬的。而三十岁之后，进入青春的下半场后，你不再手忙脚乱，急于在前场争抢，而是进入中场争夺战——谁控制了中场，谁就会拥有青春的下半场。

中场的争夺其实是一种理性的较量——面对上半场的失利，甚至是落后，你要是能够做到不崩溃，不自暴自弃，稳住自己的情绪，稳住阵脚，定下神来，耐下心来，改变战术，盯住对手，占好自己的位置，就有机会反败为胜，赢得下半场。

这一时期，你经历了青春上半场的爱、恨、情、愁，剩下的就是人生的酸、甜、苦、辣、咸。怎么办？细细品尝，舔舐疗伤？还没到这个时候。青春下半场还是人生的上半场，还不是你舔舐疗伤的时候。这个时候，你要做的事，与青春上半场是一样的，就是继续前行。

青春上半场所积累下来的酸、甜、苦、辣、咸，你可以品尝，但不能沉溺，不能让其成为你停止前行的任何借口。三十后不悔，就是说你不要在这个时候患得患失，急于对自己的所作所为做总结，并因此沉浸在自我责备的旋涡之中，不能自拔。

这个时候，最能看出一个人的担当能力。你在青春前半场所犯下的各种错误，是要归咎于别人，从而怨天尤人，还是要归咎于自己，从而自暴自弃，沉溺于自我惩罚之中？其实，这两种态度都是错误的。

第一，还远远不到对人生进行总结的时候，所以这时候的任何总结都是不公平的，也是不正确的。你为什么要对自己不公平呢？为什么要用一种不公平、不正确的评价体系来折磨自己呢？

第二，这仍然是一个面对未来的问题，仍然是一个继续前行的问题。人生没有退路，你无法退回母亲的腹中，再次成为胎儿，所以只能不断前行，并且不得不背上越来越重的包袱。其实，现实的包袱并不重，重的是你心里的包袱，而这些都取决于你的看法和观察问题的角度。

为什么面对同一事物，有几个人，就会有几种看法；有几十亿人，就会有几十亿种看法？因为每个人观察外部世界的角度不同。既然事物的差别并不在于其本身，而在于不同的人采用不同的观察角度，那么你为什么要沉溺于自己的观察之中，认为“眼见为实、耳听为虚”呢？既然每个人都这样认为，为什么每个人的观点都不一样呢？其实，事物本身就在那里，并没有任何差别。

因此，青春下半场要解决的就是一个后悔问题。这个世界没有后悔药，也没有值得后悔的事情。所有的酸、甜、苦、辣、咸，自己品尝，自己回味。然后，收拾心情，继续上路，笑到最后！

酸

所谓酸，可以理解为一种心酸。它是一种微笑背后的苦楚，是一种说不出的感觉，是一种不尴不尬的状态，甚至是一种难以说出对错的状态。在人生中，你经常会遇到这种状态，但却不知所措，不知如何去面对。

1. 出局：亲情中的争宠行为

家庭中经常出现这样的情况，女儿与父亲走得过近，妈妈会吃醋；父母对姊妹中谁更好一些，另外一个会吃醋，这是亲情中存在的无意识争宠行为。如果摆到意识层面，每个人都不会承认自己有这种行为，都会认为谁对谁更好一些，没有任何关系。然而，在潜意识层面，这种行为确实存在。

一位母亲因为害怕儿子与丈夫的关系太近而冷落自己，做了如下这个梦：

梦中，她的丈夫变得很丑，并且不是自己的丈夫，而是别人的丈夫。她看到丈夫一家人在照全家福，而自己跟儿子在一起。

这个梦很短，却很有意思，这是在一种防御心理状态下所做的梦。

梦女的儿子与父亲的关系非常好，儿子太小，不懂事，在任何场合都会直言不讳地表达出对父亲的崇拜和喜爱。这本来是一件正常的事情，但对于生养儿子的梦女来说，心理自然就会不平衡。

虽然从理智上来看，梦女也认为儿子跟父亲亲近是一件好事，但是人心总是自私的，这件事情在潜意识层面上却给梦女带来了刺激和困扰。

梦女潜意识中担心自己在儿子心中的地位会下降，从而导致自己失去儿子的心。但是，她又不能明目张胆地要求儿子只喜欢自己，或者当着儿子的面争风吃醋吧，所以不得不压抑自己这种想法。

在这样的状况下，梦女将这种不满或压抑在梦境中发泄出来了——潜意识的处理方法很简单，就是叫丈夫出局。我们看到，在梦境中，丈夫不仅变丑了，并且还成了别人的丈夫，和别人照全家福。

通过这样的梦境，梦女的潜意识得到释怀，再也没有人跟自己抢儿子了，儿子是只属于自己一个人的。

有点意思吧，即使丈夫成了别人的，也在所不惜，看看母爱的力量吧。

2. 梦见被蟒蛇追与面子问题

进入青春下半场，同学聚会慢慢增多，大家该忙的人生大事都忙得差不多了，开始有时间怀念过去的青春岁月了。然而，参加过同学聚会的人都会有这样一种体验——同学聚会就像鸡肋一样，食之无味，弃之可惜。而且，每次聚完之后，心中都有一种酸酸的感觉，反正不知道是哪根神经被触痛了。

同学聚会，不是几个所谓的“成功者”夸夸其谈，到处显摆，就是大家互相揭老底：谁那时候暗恋谁，谁跟谁又怎样。

这本是一件开玩笑的事情，但是稍有不慎就可能会揭开一些鲜为人知的大秘密，从而产生一些麻烦，即使多年之后，仍然会激起当事人心中的波澜。下面的梦就是这种情况。

新年过后，一位开公司的梦主在QQ里给我留言，说他梦见了大蟒蛇，想知道是怎么一回事。下面就是我们之间的对话。

梦主

梦侦探，今天凌晨，我梦见一条大蟒蛇追我。具体情况如下：

我和另一个同学住在一间学生宿舍里。有一条大蛇来咬我。我好像被咬到了。然后，我就逃脱了，并顺利逃出了门外。我在宿舍楼里不断地穿梭，寻求帮助，并不时地发出惨叫声。后来，我逃到相对平缓的地带，穿梭于各校舍之间，其间遇到了很多人，大家都惊慌失措地看着我。过了一段时间，我在另外一栋宿舍楼前见到了一位与我有相似经历的人。简单沟通后，我们认为此蛇是有人故意放出来的。然后，我们进一步推测，确定此蛇的幕后主使是我的室友。我找到了控制蟒蛇的遥控装置，改变了它的攻击对象（换成我的室友）。蛇在即将追上我之前，改变了线路，后来，我就醒了。请帮我解析一下。

梦主

昨天晚上，我与朋友谈过生肖的问题。同时，昨天也是我们初中同学聚会的日子。我因为忙没有去，但是打了电话过去，跟很多同学聊了天。我们聊了很久，有女生，也有男生。您看这些是否对解梦有帮助，谢谢！

梦侦探

你这个梦很简单，是一个关于焦虑的梦。这个梦可能与你目前的事业压力有关，也可能与你和同学的关系有关。你通过跟同学的交流，可能发现了过去某件事情，心里觉得愤懑，因而做了这个梦。生肖的话题只是给这个梦创造了一个很好的情节，但不是梦的本质所在。你从这两个方面着手找线索吧，找到后告诉我。

梦主

公司的运营上，目前看来没有什么问题，也谈不上压力。如果有压力的话，就存在项目销售断顿的问题（目前，我代理的房子基本卖完，未来3～6个月，可销售的房子不多）。公司的新项目，目前看来还比较理想。有三四个项目，会集中在下半年10月左右销售。

至于说这个梦与我和我同学的关系有关，我个人认为可能性还是比较大的。因为我很久没有和老同学联系了。虽然他们或许根本就不在乎我这个朋友（毕竟大家都分隔两地，来往得少了，关系变淡了），但我还是会用真心对待他们的。另外，可能还有一些其他遗憾在里面。

梦侦探

我觉得这个梦跟情感有关。一种可能是，你曾经与自己喜欢的女同学之间有过什么秘密，或者你们之间出现过另一个男同学；另一种可能是，过去你和班里某个男同学互相看不惯，有过较量，你说呢？

梦主

您这样说，我觉得有可能。当时，我和同学在电话里交流，就感觉到了某种不舒服，具体的情况，我也不想再说了。

梦侦探

我觉得对于你来说，可能更多的是面子问题，也许过去发生过什么事情，但是对于你来说并不重要，你看重的是大家互相尊重，也不会把过去的芥蒂带到现在来。其实，每个人都应该从容地面对现实。

梦主

是的，谢谢您。

这个解梦过程到此就结束了，梦主并没有继续与我进行深入交流。不过，我想大家应该对这个梦的真相有一个基本的了解了吧。

3. 插队：偷腥的冲动

一个关于爱情最经典的选择题是：如果你的爱人一定要出轨，你宁愿他或她精神出轨还是身体出轨？不同的答案，表明了不同的爱情观。这就涉及外遇和偷腥的区别，外遇应该是一种精神出轨，而偷腥则可以理解为一种身体出轨。当你遇到这种情况时，首先要判断准确，然而才能根据自己的原则做出选择。

一位梦主最近做了这样一个梦，他希望我帮他分析一下。梦境是这样的：

我跟一个女性朋友要到某个地方去玩，必须得坐车。梦中，我看不清楚这位女性朋友的面容，但是我们似乎是情侣关系。我们来到车站，在车站排了很长的队，我拉着她去打车，但是打不到。我回头一看，公交车的队伍走得很快，因为每人只要投一块钱就可以上车了，很方便。于是，我们决定坐公交。正好一个长队伍刚刚上完车，马上轮到第二个队伍了，那个队伍比较短，似乎是在等出租车，但是出租车没有来，因此他们也可以上公交车。

我和女性朋友赶紧插在第二个队伍前面，说了句“对不起，我们也是坐公交的”，于是便上车了。

上车后，我发现一对老外情侣坐在地上。旁边空着两个座位，但是这两个座位并不靠在一起，而是分开的。我叫女性朋友赶紧把那两个座位占了，这样我们都有了座位。当时，我还感叹：老外就是不一样，你看人家为了能坐在一起，宁愿不要座位。

到了目的地，我们似乎要经过一个检票口才能够进去。检票的人竟然是我的女朋友，轮到我时，她装作不认识我，要检查我的身份证。我说你听我唱歌不就知道了。似乎她可以通过歌声来判断我的真实身份。

检查过关后，我遇到了一个好朋友，似乎这次是我跟他约好一起出来玩的，没有告诉我的女朋友，而我的女朋友也像没事人一样，蹦蹦跳跳地和我们一起去玩，并没有缠着我。

梦到这里，我就醒来了。

各位都知道，其实给男性解梦比给女性解梦的难度要大得多。因为男人对男人的防备心理更严重。我从他的口中得不到有价值的信息，因此，只能凭自己的专业能力来分析这个梦。

我将整个梦境分成如下几段：

第一是插队。本来要做某件事，但是临时又改变了主意，插队做了另外一件事。

第二是占座位。明明两个座位没有在一起，却偏偏要去占，而且羡慕别人宁愿一起坐在地上，也不去占座位。说明这个座位不应该占。

第三是验明正身。这是对自己身份的怀疑，也就是说，这是自我质疑。

第四是释怀。也就是说，女朋友并没有计较，也似乎没有看出来自己背着她做的事情。

分析到这里，结论似乎出来了，这是一个典型的偷情的梦。

我们看到，第一部分是插队，也就是说本来要做一件事，但是临时改变主意，做了另外一件事。第二部分是占座位，表明占了不该占的座位。第三部分是验明正身，这是一种自我怀疑。第四部分是释怀，这是一种自我安慰，梦主认为女朋友并没有发现自己所做的事。如果不是偷情，又会是什么呢?

在这种严密的逻辑面前，这位梦主终于缴械投降，向我道出了他内心的秘密。

原来，他本来是要跟女朋友见面的，但是中途接到一个曾经和他有过一段恋情的女性朋友的电话，说要跟他见面。经过权衡之后，他决定先跟这位女性朋友见面，便借故推掉了跟女朋友的约会。这就是梦境中的插队和占座位的渊源。其实，这位朋友在做这件事的时候还是有些犹豫的，因此梦境中才会出现女友验明正身的事件。经验证，自己还是属于女朋友的，因为他身上有女朋友熟悉的地方（歌声）。最后，女朋友并没有发现事实的真相，表明了他的侥幸心理。现实中，他背着女朋友出来玩，并没有被发现。

通过这个梦境，我们可以看出，这位梦主其实还是很在乎他女朋友的，他也反复强调自己对女朋友的爱。但是，他经不住诱惑，还是出轨了，却又抱着侥幸心理。这就是整个梦境所反映的内容。

这个梦带给我们一些思考：一次出轨能对爱情造成致命的伤害吗？当你遇到这种情况时，怎么办？当爱还存在，但是你所爱的人经不住诱惑的时候，应该怎么办？

4. 得而复失——生育的条件

现代人的压力确实太大了，这直接导致了很多人对生育的恐惧——自己都养不活，怎么养孩子。或者说养容易，教育怎么办？未来怎么办？很多人都想趁着年轻拼命地赚钱，赚到钱之后，再考虑生育问题。这是好事，但是却在无形中给我们施加了很多压力，使我们睡觉都想着赚钱。

我的一位学生对梦的理解非常到位，也经常让我给她分析梦境，收获不少，而且还能试着去分析一些别人的梦境。有一天，她碰到一个梦，是她老公的梦，她觉得有点难度，便通过QQ跟我交流。

学生

老师，我老公昨天晚上梦到自己去中山公园淘书，他发现了很多很多的绘本（他现在最大的爱好就是去中山公园淘旧书，那个旧书市场上所有卖旧书的人都认识。我喜欢绘本，他以前给我淘了很多绘本）。等他去完另一个摊子再回来时，发现绘本都卖完了。然后，他看到了我们的一个朋友，一个五十多岁的阿姨。阿姨装作不认识他。然后，他发现那个人原来不是阿姨本人，而是阿姨的女儿。

昨天晚上的情况是这样的：我们看了一个名叫《傀儡》的电影，里面有个五十多岁的家庭主妇，她被称为“花瓶”。她丈夫工厂的工人在罢工，她丈夫被气病了。她从来没有工作过，临危受命，去工厂接任。结果，她发现自己很有能力，还参政做了议员。我老公的梦和这个电影有关吗？

梦侦探

可以说有关，也可以说无关，因为梦境的核心主题是想表达一种得而复失的心理。这件事情可能与一个外表看上去很柔弱，但是内心却很坚强的女子有关。

学生

哦，是这样吗？会不会说的是我呢？大概是我刚决定要生孩子，却犹豫了，还有因为绘本是孩子看的书，所以他经常给我买。

梦侦探

完全有可能跟这件事情有关。你决定要孩子了，让他很高兴，结果你又犹豫了，让他白高兴一场，这让他有一种“得而复失”的感觉。

你跟他交流一下，然后再告诉我。

学生

好的。

大约过了一个小时之后，学生给我发来了她跟老公的对话。通过对话，我们就可以清楚地看到，这个梦真的跟这一事件有关。我们来看学生跟她老公的对话。

学生

你梦见大姨给你东西了？

她老公

哦，怎么了？

学生

给你什么东西了？

她老公

一把钱，有二十元的，有五十元的。我还梦见我爹办了个心理培训班，几天工夫，收入就达到两三万。

学生

她为什么要给你钱呢？

她老公

我不知道啊。难道因为我缺钱?

学生

大概是愿望的达成吧。

她老公

啥意思?

学生

就是做梦都想实现的事。

梦分三种:一种是昨日的还原;一种是当下的情绪反应;一种是未来的期盼,也就是弗洛伊德所说的“梦是愿望的达成”。你这个应该就是愿望的达成。

她老公

就是说,我希望有钱,希望有人送我钱呗。

学生

你梦到你爸办培训班赚钱那件事情,应该就是希望自己能够通过培训挣钱,但是你又不愿意承认。你爸一直说要帮我们赚钱,所以你就在梦中把这个愿望寄托在你爸身上。

她老公

噢,可能是吧。

学生

关于大姨的梦,我不知道是什么意思。你真的觉得自己缺钱吗?我让你有这么大的压力吗?

她老公

是我自己觉得吧,我想住得宽敞点。

学生

我一直说房子小，不想生孩子，让你有压力了吗？

她老公

我也不知道，我也想住大房子啊。

学生

如果心理准备不充分，任何一个外在条件的不足都可以成为借口；如果心理准备充分，任何一个外在条件的不足都不是问题。房子小只是我的借口罢了。

她老公

噢，那现在你准备好了吗？

学生

如果你能帮助我，那最好。我现在还不坚定，心不稳。

她老公

我们还有时间。

看完这一段对话，我相信大家应该很清楚了，这个梦的渊源是：我的学生想要生孩子，丈夫很高兴，结果学生又犹豫了，觉得目前的家庭条件还不好，所以决定暂时不生孩子。其中，对家庭条件不好的最直接的描述是"房子太小"。学生的老公就是在这一事件的刺激下做了这个梦。学生的老公最近一段时间的最大爱好就是去中山公园给学生淘绘本，梦境就以此为线索展开。刚开始，"他发现了很多很多的绘本"（学生答应生孩子了），我们可以想象他是多么高兴。当他转悠一圈回来之后，"发现绘本都卖完了"（学生又说不生了），我们又可以想象他是多么失落。

这时候，"他看到了我们的一个朋友，一个五十多岁的阿姨。阿姨装作不认识他"。这里，阿姨的出现，既是他看完电影之后的自由联想，又是他心中对老婆的看法，觉得她就像电影中的那个家庭主妇一样，看上去很柔弱，但实际上却很有主意。“然后，他发现那个人原来不是阿姨本人，而是阿姨的女儿”，这又是潜意识中的防御心理在作怪，他将老婆看成一个五十多岁的阿姨，是很危险的。后来，他发现那个人不是阿姨，而是阿姨的女儿。这表明他觉得这两件事还是有区别的，而这两个人的性格也是有区别的，不过也应该有类似的地方。

有趣的是，在这样的心理作用下，学生的老公还做了几个小梦。第一个小梦是他梦到大姨给自己钱；第二个小梦是他梦到爸爸办了个心理培训班，几天工夫，就赚了几万元。这两个梦都与钱有关，其实都与生不生小孩这件事情有关。学生不生小孩的理由是“房子太小”，这就给老公造成了压力，他想拼命赚钱买房子。在梦境中，老公就通过家里的亲戚给钱和爸爸帮着自己赚钱这两件事情来达成自己的愿望，以弥补因为房子太小而不能生小孩的遗憾。

这是一个有趣而又经典的案例。梦境中，学生的老公在淘绘本过程中得而复失，实际上指代的是生育这件事情对他的困扰。梦境通过多种类比的方法来讲述这一事件，并且通过父亲办培训班的方式来达成愿望，让我们看到了年轻夫妻面对现实压力时的心理变化。

梦境虽然因经济压力而起，但是我们后来看到，其主要原因不是经济压力，而是心理压力，是梦主缺乏归属感和安全感的表现。只要感情稳定，生育就顺理成章了。

这个案例对年轻情侣中的男方很有启迪意义。你的妻子口口声声说需要经济保障，其实她内心需要的是归属感和安全感。只要你做到了这一点，其他问题都不是问题——既然你们已经在一起了，她看重的肯定是你们的感情，而不是外在条件。

甜

甜，当然是好事情，是开心的事情，甜蜜的事情。然而，青春下半场的甜不同于青春上半场的甜。这种甜，更有内涵，更醇厚，可能还夹杂着其他味道，有时候还带有一种淡淡的哀伤……

1.691路公交车——逝去的甜蜜

当你经历情感沧桑，最终铅华洗尽，嫁入普通人家，结婚生子之后，慢慢融入了琐碎的生活和主妇角色之中。这时，你的心中是否还保留着一块净地，为你曾经有过的情感，为那一段刻骨铭心的爱情……

梦女是一位年轻的妈妈。有一天，她做了一个梦。她根据我教给她的解梦原理，试着分析了一下这个梦，分析得还挺有意思的。下面，我们来看这个梦。

我梦到自己和妹妹还有一个好朋友走在重庆的一条街上。街上人很多。突然，我看到前面那个人很像我前男友，再仔细一看，确实是。前男友走得很快。前面不远处就是车站，一辆691路车正好进站。看到前男友要上车，我对妹妹和好友说了一声“我先走了”，就飞快地朝车站跑去，不希望她们看到我前男友。终于，我在前男友刚上车、后门还没关之前上了车。

车上人很多，前男友没有挤到中间去。我低着头靠近他，害怕被他发现，没想到他把眼镜取下来，很自然地递给我，用以前那种戏谑中带点怜爱的口吻说：“拿着吧！”就像知道我从后面追上来了一样。给我眼镜，也好像是因为太热，要擦汗。我看到他，好想抱一抱，因为好久没有见到他了，但嘴上却说：“昨天晚上，我儿子睡得太晚了……”话还没说完，我就醒了。那时，天蒙蒙亮，我得去关上窗户，免得儿子过早醒来。

之后，我上床躺着，想想好久都没有梦到前男友了。后来又一想，觉得人的潜意识真是太有趣了。梦到前男友，估计跟昨天我上了一天的绘画疗育课有关。在课堂上，老师让大家用四个元素画一张画，桥和自己各一，气球和兔子可以一个或多个。画完以后，我们得知兔子代表自己的另一半。有同学就笑着说，有的人有好几只兔子，岂不是很有趣？我心里当时就闪过“我还有一只兔子哥哥”的想法，但很快又跟着老师进入下一个环节了。我想，这大概是我梦到前男友的原因吧。

后来，我想梦为什么没有继续呢？应该是大脑里的那个超我“警察”在作怪吧，在我的情绪还没有释放出来之前，就以我儿子为理由，把我叫醒了，真是让人郁闷！

这就是梦女的梦以及她自己的分析。应该说，梦女的分析基本是准确的，她由一堂绘画疗育课联想到自己的前男友。我们可以从梦女的叙述中看出，她与前男友的感情仍未了断。当老师说兔子代表每个人的另一半时，她立刻想到自己“还有一只兔子哥哥”，这表达了她对前男友难以割舍的情怀。也正是因为这种情怀，她会在晚上梦到前男友。

梦女不想让妹妹和朋友看到前男友，一方面表达的是一种“独占”欲望，另一方面也可能与梦女已经结婚生子有关。毕竟，这种事情不好明目张胆地进行。

梦女追随前男友上公交车，表达的是一种认同感，表明他们是同一条船（车）上的人。此后，前男友的行为，表达了两人之间的默契程度，这是梦女愿望的达成。她希望自己在前男友心中仍然像以前一样，两人非常默契，而且心心相印。

这时候，梦女心中想的是“好想抱一抱，因为好久没有见到他了”，但嘴里说的却是“昨天晚上，我儿子睡得太晚了”，这一段表现了梦女在睡梦中尚存的意识与潜意识之间的冲突，一方面表达了她对前男友难以割舍的情怀，希望重续前缘，继续这种温存；另一方面，意识又提醒自己是已经结婚生子的人了，不可能再做这些事情了。这种冲突很强大，以致梦女从睡梦中惊醒了。

梦女醒来之后，对梦境进行了分析，而且分析得很到位。当梦女联想到前男友时，虽然首先联想到的是两人的深厚情意，但在更深的潜意识中却激发出刻骨铭心的性爱。这种刻骨铭心的性爱在梦境中转化为公交车的车次 691，而且上公交车本身就有性的隐喻。

我们看到，身为主妇的梦女虽然已经完全沉浸在自己的婚姻角色之中，但仍然在内心保留了一个精神家园。在这个精神家园之内，她不仅可以跟过去的情缘对话，还可以跟过去的自己对话，这是多么美好的一种情怀啊！在这种情怀中，我们看不到怨恨，也看不到遗憾，看到的都是美好的回忆。这种刻骨铭心的印记留在心中，真是人生一大幸运，梦女可以随时进入这个世界，回忆这段美好的感情。

2. 新郎喝多了：爱的歉意

小两口吵架，发生矛盾，应该是婚姻中常见的事情，但是这样的事情并不能破坏夫妻之间的甜蜜感情。发生矛盾之后，只要两个人能够互相理解和包容，特别是错的一方能够自我反省，那么是很容易和好如初的。既然选择了在一起，两个人就要甜甜蜜蜜地过日子。

2011 年 10 月的一天，一位叫风筝的女孩通过微博与我联系，说她老公做了一个梦，希望我能够帮她解梦。下面是这位女孩的描述。

老公梦到他去参加表哥的婚礼。开车的司机是我公公的同事。后来，新郎喝多了，就去休息了。这个司机就代替新郎，跟新娘一起给来宾们敬酒。可是，新郎的父母不高兴了，意思是说他们儿子的婚礼，司机出来敬酒算怎么回事啊。

后来，我公公就出来帮忙解释。解释完后，那个司机为了感谢我公公，就送了一个箱子。我公公把箱子拿回家，打开一看，里面有三只动物，一只狗，一只猫，还有一只香柚鼠，都是灰色的。那只猫要跑，我婆婆就去关门。这时，我老公就醒了。

看到这个梦境之后，我与女孩展开了对话。

梦侦探

他表哥举行婚礼这件事情在现实中存在吗?

风筝

是存在的，已经过去很长一段时间了。现在，他表哥的孩子已经有半个月了吧。

梦侦探

当时，这件事情有什么特别的地方？

风筝

要说特别呢，就是他表哥的老丈人家很有钱，也很有实力，婚礼都是女方家包办的。

梦侦探

那他表哥的家里人对女方有什么看法吗？

风筝

这个……不会啊，女方人很好，也很爱他表哥，他表哥的妈妈也说这个儿媳很好。

这一段咨询是为了了解梦主的表哥结婚时的真实情况，以及这一婚礼事件能让梦主联系起来的事情。女孩提到女方家很有钱，也很有实力，这可能使男方家很压抑。于是，我询问男方家对女方的看法，从女孩这儿得到的信息却是“没有什么意见”。也就是说，迄今为止，通过婚礼这件事情，似乎并没有得到有用的信息。于是，我继续询问。

梦侦探

你们准备什么时候结婚？

风筝

我们已经结完婚了，在8月的时候……

梦侦探

这个梦什么时候做的？

风筝

差不多三四天前吧。

梦侦探

那天发生了什么特别的事情吗？

梦侦探

那天发生了什么特别的事情吗？

梦侦探

还继续吗？

不知道是掉线的原因，还是女孩有事去了，咨询到这里便中断了。通过后面的咨询？我们可以猜想，为什么女孩会在我问到这个问题的时候突然中断咨询？是不是因为这个问题触动了她心中的某一敏感处呢？当时，我并没有意识到这一点，因为联系不到当事人，再加上事务繁忙，所以就不了了之了。几天之后，这位女孩又跟我联系上了。

风筝

老师在吗？

梦侦探

在，有事吗？

风筝

上次我请教您帮我解梦来着，可是没解完。

梦侦探

哪个梦？

风筝

就是我老公的梦啊，他梦到自己去参加他表哥的婚礼。

梦侦探

哦，我想起来了。这应该与你自己的家事有关，与他表哥的婚礼无关。

风筝

嗯，是这样的。

梦侦探

是的，做梦那时候，你们有什么小矛盾和冲突吗？

风筝

我俩在他做这个梦之前吵架了，是因为钱之类的事情。但是，那一天我忘记了，所以没有告诉您。

梦侦探

你喜欢猫吗？

风筝

一般，但是我老公喜欢，我喜欢过狗。对了，碰巧他做梦的当天，我就把朋友家的猫抱回来了。他不在家，我帮他养。另外，我家也养狗跟仓鼠……

梦侦探

那只猫就是你。

风筝

为什么那只猫就是我呢？

梦侦探

你跟他吵架生气了，他就会想到你要逃跑。

风筝

对了，我们以前吵架的时候，我是离开过他。

梦侦探

从这个梦来看，你老公应该觉得自己做错了什么，跟钱有关，因为他表哥的岳父家很有钱。他想向你道歉，还担心你会逃跑。

风筝

那老鼠跟狗呢？

梦侦探

老鼠跟狗，是因为你们家真的养了。

风筝

太奇怪了，也很神奇，那么这跟司机有什么关系呢？

梦侦探

应该说跟你们争论的事情有关。

风筝

怎么讲呢，老师？

梦侦探

你们争论的细节，你没有告诉我，我怎么知道呢？

风筝

嗯，好吧。细节呢，就是因为我把钱都花光了，我老公很生气。他觉得我乱花钱，干什么事情总是喜欢拖拉，还跟他顶嘴。

风筝

我生气呢，是因为我老公天天玩游戏，什么都不管。大概就是这些……

梦侦探

玩游戏就是不务正业，就像司机做自己不该做的事情一样。

风筝

还有，一有什么事情，他就指望我，也不关心我。那天吵架，我被他贬得一文不值了。

梦侦探

这是他的气话，这个梦就是他在自我反省。

好了，这个梦基本上解完了，我会写一个详细的分析报告给你。

看来，这个梦真相大白了。

这个梦源于女孩与老公争吵之后，老公对两个人的婚姻关系的反思。首先，女孩的老公梦到婚礼，表明他在对自己的婚姻反思。

接下来的梦境是新郎喝多了，司机就代替新郎和新娘一起敬酒，而这让新郎的父母很不高兴。这一段梦境是女孩的老公对自己的行为的反思，以及女孩对他的态度的投射。司机代替喝醉酒的新郎敬酒，说明新郎失职，司机越位，其实代指女孩的老公。这个梦表明女孩的老公认为自己有点不务正业（从女孩的描述来看，应该是沉溺于玩游戏），也没有尽到老公的义务。新郎的父母有意见，其实是监管人有意见。从女孩的描述（一有什么事情，他就指望我，也不关心我）来看，女孩的老公对她的依赖心还是蛮重的。在这里，新郎的父母代指女孩，所以新郎的父母有意见，就是女孩对老公有意见。

第二段梦境是女孩的公公出面协调和解。和解完之后，司机为了感谢她公公，就送了礼物。他们打开箱子一看，发现是三只动物，一只狗，一只猫，还有一只香柚鼠，都是灰色的。那只猫要跑，女孩的婆婆就去关门。然后，女孩的老公就醒了。

这段梦说明女孩与老公吵架之后可能和好了，所以梦境中有和解的意思，也可能是女孩老公的一个愿望，他希望自己与女孩吵架这件事情能够和解。司机送礼物，表达的是老公的歉意以及和解之意。箱子里有三只动物，这是对现实的联想，因为他家确实养过这三种动物。老公最喜欢的猫要逃跑，这正是老公潜意识中的担忧。根据梦女提供的信息，这样的事情曾经发生过，因此在这次争吵之后，老公心想女孩肯定会逃跑。这时，女孩的婆婆就去关门，不让猫跑掉，这是老公潜意识中的愿望。他不希望这件事情让女孩生气，希望能挽留她，所以他在梦境中通过妈妈出面来达成这个愿望。

这就是这个梦境所反映出来的信息。我们看到，虽然女孩对老公有诸多不满，而她的老公也确实存在这样或那样的问题。但是，她的老公对此还是心存歉意的——他既能够认识到自己不务正业的问题，还能够真心认错，希望挽留梦女，这说明两人之间的感情基础还是不错的。婚姻就是在冲突和摩擦中成长起来的。

3. 生日的愿望之收养孩子

如果你结婚已经很多年了，但是你们还没有孩子，你会很渴望有一个孩子吗?也许，由于现实的压力，你们暂时还不能要孩子，但是这并不能抑制你内心正常的情感需求——到了一定年龄，谁不想要一个孩子呢? 我们来看看这个案例吧，看看梦女在自己三十二岁生日的当晚，内心深处的愿望到底是什么。

这是一位梦女的梦境：

我坐在一辆小面包车上，同车的有我老公、另外一对夫妇，还有一个女人带着她的儿子。我们一起去看戏。我和女人及她儿子坐一边，我老公和另外一对夫妇坐另一边。这个女人想找个人领养她的儿子，于是她就找了我们和另外一对夫妇。

一开始，这个小孩有点拘束，然后就变得调皮了。我几乎是半躺着的，他和我玩，开心地在我的肚子和腿上蹦跳着，笑得特别开心。我拉着他的手，以免因为车动让他摔倒。他的母亲也稍微扶了他一下。我心里觉得这个女人会把孩子交给我（但我并没有想要主动收养这个孩子）。

到地方了，我们下车了。这时候，我老公走在我前边，离我很远，他自己先进游乐园了（我记得刚开始明明是去看戏的，结果到这里却变成游乐园了）。我和女人以及她的孩子一起走到游乐园的闸机那里，她们在左边，我在右边，闸机类似于又长又矮的铁棍，需要投钱进去。老公已经走得离闸机很远了，我掏出钱来，有一张五十元的，还有几个一元的。我向老公喊了一句：“是要投五元吗？”他说：“是的。”但是，我没有五元钱，就在那里翻找。老公看见了，就往闸机这边走来，想帮我投钱。我突然发现自己有五元钱，于是就投了进去。可是，当钱进去的一刹那，我分明看到那是一元钱。

然后，我就醒了。

下面是梦女对这个梦的分析：

【梦时间】不清楚。

【梦人物】老公就是我现实里的老公。另外一对夫妇，我不认识，梦里也没有出现明显的轮廓，就是个陪衬吧。那个女人，我也不认识，她的形象也是模糊的，就是一个孩子的母亲。那个孩子的轮廓是最清晰的。他白白胖胖的，大约有四五岁的样子，穿戴整齐，感觉是个很快乐的孩子，而且我能感觉到这个孩子将来一定很有主见。

【梦色彩】没有彩色，就是个黑白电视机，呵呵。

【梦情绪】没有太多明显的情绪，最明显的就是那个孩子在那里跳啊、笑啊。还有，我在闸机那里找钱，看到老公已经走远时，有点怨恨，但也是一瞬间就没了。

【梦之前】

这几天，我一直很压抑。关于资格考试的事，我想了很多，觉得根本原因就是有一门功课有点难，记不住，担心自己通不过。我很明白自己的心理，我的压抑其实就是一种逃避，所以我时常像一个旁观者一样，把自己看成一个小孩，觉得自己做的事很好玩，让自己尽量放轻松（这段时间，我像一个旁观者一样对待自己的事。老师，有时候我会想，自己是不是也有人格分裂症，听说有的人会有三十几种分裂人格）。这几天，我感冒了。从心理学上说，感冒就是压抑的一种发泄方式，所以我也没有采取任何措施，任凭它发展下去。

昨天，我照样晚上九点多开始跪着读经。当我拿起经书的时候，嘴巴却怎么也张不开，于是我就在大脑里默读。不知道读到第几品了，我感觉头脑特别昏沉，就把书放在面前，跪在地上，脸贴着书睡着了。都说只有小孩才会跪着，撅着小屁屁睡觉。我也不知道自己从什么时候开始，喜欢跪着，团成一团，脸转到一侧去睡觉，就是瑜伽中的婴儿式休息。我练瑜伽的时候，也特别喜欢做这个婴儿式休息姿势。直到老公进来把手机扔给我，我才起来。那个时候是晚上十点，我定的闹钟响了。

我把经书放好，钻进了被窝，和老公说了一会儿话，就睡着了。

昨天是我的生日，我真正三十二岁了。中午，我给妈妈打电话，还和大姐的女儿（九岁）聊了一会儿。她特别喜欢和我聊天，因为我给她的都是鼓励，尤其是我学佛后，心变得清净了，也对孩子的世界更加了解了，所以她把自己的很多心里话都讲给我听。我会从生日上分析她的性格。她虽然年纪小，但却是个精灵鬼，老觉得自己是家里的家长，对我叮嘱来叮嘱去的，所以放下电话的时候，我心里有些感慨，对生孩子这件事又产生了一些想法。虽然就是一会儿的事，但是我的感触很深。

专心读书以来，我很少做梦了。有时候，即使我做梦，也是多场景、很复杂、很琐碎的梦。醒来之后，没有一个镜头是清晰记得的，都是乱糟糟一片的那种，所以也没有记录。或许是因为和您聊了别人的梦，所以昨晚就做了这个梦，梦境特别清晰，就像一个完整的带包膜的细胞一样，在我睡觉的整个时间段里，被清晰剥离开来。

这段时间，同事和朋友总是提醒我该生孩子了，我以前有过生孩子的想法，后来就慢慢没有了。和老公聊天的时候，我也会说，将来不生孩子好不好啊，收养一个行不行啊。老师，这个梦代表什么意思呢？应该不是表示我要收养孩子吧？

——2011 年 11 月 2 日 10 点 31 分记录

看完这个梦，虽然梦女希望这个梦有更深刻的心理含义，但是我觉得总体而言，这确实是一个跟要不要孩子有关的梦。这个梦源于梦女与九岁的外甥女愉快聊天的结果。“我心里觉得这个女人会把孩子交给我（但我并没有想要主动收养这个孩子）”，这表达的是，虽然外甥女不是自己的孩子，但是就像自己的孩子一样，跟自己非常亲近。

在得到这个判断之后，我跟梦女进行了一番对话。

梦侦探

总体来说，你那个梦跟小孩这件事有关。这是你跟外甥女聊天之后的联想，也是你们平时闲聊的延展。投币机的梦境，可能表达的是你对这件事情的投入程度的思考，你觉得有了小孩之后必须投入，但是你还没有这样的心理准备。老公走得很远了，是你对老公在这件事情上的投入程度缺乏信心。

纤纤

哎呀妈呀，老师，您分析得真对。我对生孩子这件事情很犹豫，就是您说的投入程度。

我的成长经历太曲折了，不单是物质上，更是心灵上，所以我对这个没有信心。

我老公在生小孩这件事情上也不明确，他非常顾及我的感受，所以他也不表明自己的态度。不过，假如我们真的没有孩子的话，我就会觉得他对我的感情不深厚。就我目前的情况来说，我会有一种不安全感。

我没有生孩子的心理准备，不过我们已经定了生孩子的时间——2014年，或者我明年三月考完试后，根据结果再进一步决定。所以，现在也就不想这件事了，真的不想为没有发生的事情担忧。但是，潜意识还是会操作这些事的。

梦侦探

你跟外甥女聊天之后很开心，潜意识就想，如果有这么一个聪明懂事的孩子，其实也不错，所以你觉得梦境中的那个孩子很有主见，将来也会很聪明。

纤纤

是啊，我确实就是这样想的。孩子带给我的感动，真的不是平常人能比的。我看很多人的孩子都是很小就很懂事，所以我也希望那样的精灵鬼来我家。

这就是这个梦境的主旨。我们看到，梦女在自己三十二岁生日的时候，在潜意识中激发了是否要生孩子这个念头。一方面，她年龄也不小了；另一方面，结婚这么久，如果不生孩子，梦女没有安全感。但是，梦女似乎又是一个事业型的女孩，还想再奋斗几年，因此她和老公约好，过几年再生孩子。

而当晚与外甥女的交流令梦女的情绪再起涟漪。外甥女的机敏可爱深深地感染了梦女，让她觉得如果自己有这样一个小孩，也不失为一件幸福快乐的事情。因此，在梦境中，她借收养小孩这件事情，表达了自己渴望小孩的心情。单就她与小孩在车上玩耍那一段情景，就足以表达她这种心情了。

那么，在梦境中，为什么只是收养小孩呢？这说明梦女还是在犹豫。情感的需求，现实的约束，造就了这个梦境——要还是不要，这是个问题。

4. 完成任务——初恋的情愫

初恋是人一生中难以忘怀的情愫，它给你留下了美好的回忆，当然也有揪心的遗憾，以及无限的惆怅……然而，如果让你重新开始，又会怎样？在多年以后，当你再次遇到你的初恋时，你会怎么做？你想怎么做？且慢，看完这个梦境之后再做决定吧。

一天，我收到一封邮件。邮件是这样写的：

梦侦探，昨晚我做了一个梦，有性爱情节，嘿嘿，有点不太好意思给你讲……

梦的开始，气氛有点紧张，好像是我老公和我的两个同学W、F被绑架了（梦里的我老公不是真的我老公，而是个香港人，长得像刘松仁；两个同学倒是真的，就简称W和F）。我要营救他们，但必须要和他们发生关系。梦里，我没觉得怎么样，就是要完成任务。

首先，我和W一起发生关系。过程中，我还想此人挺温柔的，感觉很放松，也很舒服。完事的时候，W说了一句“你还挺理性的”。我就在想，我是在执行任务救你们啊，难道应该沉溺其中吗？过程中，旁边还有我老公和F，他们蹲在一边，被绑着，大家好像都不在意，没觉得这是件私密的事情。我们所待的房间也没有关门，外面好像还有人……

然后，轮到我和F了。这时候，环境就变成了我的老家。所有人都没有被绑，家里还有很多亲戚，他们走来走去，或是坐着聊天。我依然想着我的任务。W已经不见了，我和F还在刚才那个房间里（那个房间已经变成我家的一间卧室了）。这次，我觉得有些难为情，也觉得此事似乎不妥。

于是，我就把F留在房间里，然后去找我老公（酷似刘松仁的人）。我老公正在客厅和亲戚们聊天。我就问他，我要不要和F发生关系。我老公很严肃地告诉我要做，说这是个正经事，一定要把任务完成。我似懂非懂地往卧室走去，心里还想香港人好开放啊，想法这么奇怪。

然后，我走进卧室。F在等我。我有点犹豫，突然看到房间里还坐着个小孩，我就把他抱起来带出房间，自己又走了进来。F把门关上，从里面锁上了。我心里就不再犹豫了，和他在一起了。我们躺在床上拥抱着接吻，很陶醉。接着，我就迷迷糊糊地睡着了。迷糊中，我仿佛看到床头有个很深的洞，里面有旋涡，看着看着，我就睡着了。

好像睡了一小会儿，我就醒了。醒来后，我看到只有自己躺在床上，而且意识到我和F除了接吻外，什么都没有做。F轻轻打开房门，出去了。我起身追了上去。他已经走到我家大门外面了。我叫住他，问："我们是不是什么都没有做啊？"他微笑着点点头，笑得很好看。我心里想，看来他知道我在犹豫啊。于是，我也冲他笑了。

最后，我就醒了。

刘松仁形象，可能是因为我上周末看《快乐大本营》，里面有他。昨天一整天都没什么事情。早晨七点半，我叫女儿起床。快八点时，她奶奶送她出门。我因为前天晚上睡得不好，又躺了一会儿，没睡着。九点多，我起床，冲了个凉，然后去小区附近洗头。洗完头，十一点多，我坐地铁去公司。中午，我和同事一起到书城大灰狼餐厅吃饭，随便聊些公司的事情以及一些人的绯闻。吃完饭，一点多，我回到公司。因为刚装修完，有味道，所以我就跑去最大的圆桌会议室待着。会议室里没有灯，黑暗中，我在电脑上和一个好友聊了一会儿天，还写了一篇日志，在淘宝上看了看油画棒，想给我女儿买。下午五点，本来有个面试，结果人力资源部的人说改时间了，我就随便上网玩了一会儿。领导找我要图，我就用QQ传给他了。然后，我就下班回家了。晚上七点多，我到家了。女儿在上舞蹈课，我先吃了饭，再去学校等她。八点，女儿下课了，我们在小区里玩了一会儿，又带她去钢琴室练了十五分钟钢琴。然后，我们就赶紧回家了。十点多，我准备洗漱睡觉，很困，不到十一点就睡着了。

这是一个怎样的梦境呢？梦女写完这个梦之后，我又让她提供了她当天的详细行程和思想动态。通过梦女对当天事件的回忆，似乎找不到与这个梦有关的事情。那么，这个梦有解吗？

当然有解，因为这个梦的主题太明确了，而且整个梦境的逻辑也十分清晰，基本上按照某一个主题展开，并且层层深入。那么，这个梦的主题是什么呢？来看看我与梦女的对话吧。

梦侦探

有时间解你的梦吗？

蓓蓓

有，等了好几天呢。呵呵！

梦侦探

好的，开始吧。你自己对这个梦有什么想法吗？

蓓蓓

说实话，我的想法不太好，而且怕自己太主观了。

梦侦探

那就说明你自己还是有一些想法的。没有关系，我们慢慢聊。依我来看，这是一个反思的梦，是你在外审和内省。

蓓蓓

我觉得这个梦应该跟我前一段时间的心理波动有关。梦里的我和我老公都代表我自己，是自我和本我在互相质疑。但是，我想不明白为什么会有绑架、任务……

梦侦探

能不能讲一下你前一段时间的心理波动。

蓓蓓

前一段时间，我的好几个中学同学来出差，大家相聚了半个月，几乎天天泡在一起吃饭聊天。其中一个同学是我中学时的暗恋对象，而这次看到他，仍然有感觉，觉得他很能吸引我。但我总觉得跟他似乎有某种隔阂，反而跟别的同学更容易交流。梦中的 F 就是这个同学，W 是另一个同学。

梦侦探

你的理解也许是对的，那你说说这样理解的道理。

蓓蓓

最近几次做梦，每次梦到 W 都很简单，而梦到 F 时，总是很纠结……所以，我觉得这是我对前一段时间那个心理波动的一个反应。当时，我对 F 确实很有感觉。过了一个多月，就过去了，这个梦就是对这一段的一个总结。纠结过后，我还问“我老公”，其实就是我自己，想放纵自己，觉得没有关系，很有理由。但另一个自己还是控制住了，最终啥也没有发生。梦的最后，我和 F 竟然一起笑了，可能是觉得和他很有默契吧。

梦侦探

这是一个原因，更重要的原因是，你在与 F 的这次交往中留给自己的是遗憾，而不是一种所谓的默契。有默契的微笑是你内心的投射。

蓓蓓

嘿嘿……遗憾……您怎么能看出遗憾呢？

梦侦探

你不想真的与他发生什么事情，你需要的只是对过去那种朦胧的情感的证实和肯定。从你们的交往情况来看，这种事情似乎没有发生，也就是说，他并没有向你明示或者暗示什么，因此你内心深处有一种深深的失落感。

蓓蓓

我觉得好像是这样……但是梦里哪点能看出来呢？

梦侦探

因为整个梦就是你的心理补偿，你通过小孩的出现，给自己找了一个没有与他发生关系的理由，这是你的一种心理安慰，一种释怀。

蓓蓓

嗯，这个挺有道理，包括自己睡着了，然后追问，大家都很和谐的样子，其实是自我安慰……哈！

梦侦探

是的，每个人的心里都有一个平衡机制。如果没有，那我们很难活下去，因为潜意识会把所有的事情放大，让我们很崩溃。

蓓蓓

原来是自己在心里找平衡啊。但是，梦的前一段我理解不了，就是绑架、执行任务、和W一起发生关系，他还说我挺理性的……这些都是啥意思啊？

梦侦探

刘松仁在你心目中是一个怎样的人？

蓓蓓

上周，我看《快乐大本营》，看到刘松仁出来了，就觉得这人怎么老成这样了，而且长得跟我们公司的老板有点像，不愧都是香港人啊。哪里像呢？眼睛都是带桃花的样子。当时，大概就这几个念头。

梦侦探

其实，完成任务就是完成你的夙愿。过去那一段美好回忆一直留在你的心中，你希望这次能够得以证实。这对于你来说就是一种夙愿，就是完成任务。

蓓蓓

有道理……

梦侦探

同学W所说的“你还挺理性的”这句话，其实是你对自己说的。你的潜意识中的想法是这样的：我可以更进一步去试探一下，他当时是否真的也有跟我类似的朦胧情感。但是，你最终没有走出这一步。你有点后悔，哪怕问一句或者暗示一下也好。因此，在梦境中，你借他之口说出了这句话。

蓓蓓

呵呵……这么说，失落、安慰自己和找平衡的意义越来越明显了。

梦侦探

你在梦境中想“我是在执行任务救你们啊，难道应该沉溺其中吗”，充分说明了你潜意识中的心理，你并没有任何其他想法，只是希望得到一种证实而已。

“过程中，旁边还有我老公和F，他们蹲在一边，被绑着，大家好像都不在意，没觉得这是件私密的事情。我们所待的房间也没有关门，外面好像还有人”，这一段充分说明了你在与W的交往过程中很放松，因为你心中没有“隐情”。这就是一个典型的性梦，表达的却是一种人际关系。你觉得自己跟W交往很轻松，因此在梦境中也很愉悦，不用避人耳目。

蓓蓓

是的，我跟W是这样的，兄弟嘛……呵呵，没想到在梦中会跟他这样……哈！

梦侦探

“我和F还在刚才那个房间里（那个房间已经变成我家的一间卧室了）”，这一段梦境，从普通房间变成卧室，代表了一种更强的隐秘性。

“这次，我觉得有些难为情，也觉得此事似乎不妥。于是，我就把F留在房间里，然后去找我老公。我老公正在客厅和亲戚们聊天。我就问他，我要不要和F发生关系。我老公很严肃地告诉我要做，说这是个正经事，一定要把任务完成”，这一段是你的自我跟超我在对话。最后，你觉得跟F提这件事情没有什么。

“突然看到房间里还坐着个小孩，我就把他抱起来带出房间”，这一段既是你的借口，又是你潜意识中的想法。如果你还没有结婚生子，那情况又不一样了。因为如果这样，你可能会更积极地行动。

梦侦探

但是，你还是很犹豫，并且瞻前顾后。即使在梦境中，你与他睡在一起的时候，还看到床头有个很深的洞，里面有旋涡。这是一种自我提醒，你担心自己会陷入感情旋涡。

最后，你意识到自己与F什么也没有做。这既是一种事实，又是你后悔之后的自我安慰。“我心里想，看来他知道我在犹豫啊。于是，我也冲他笑了”，这段话就表达了这个意思。

“F轻轻打开房门，出去了。我起身追了上去。他已经走到我家大门外面了。我叫住他，问：‘我们之间是不是什么都没有发生啊？’”这一段表达的是你失落之后的反问。

蓓蓓

呵呵……对，自我安慰。

听您这么一说，我觉得挺有意思的。那梦中的老公酷似刘松仁这个人物又是为什么呢？

梦侦探

刘仁松既是一种自由联想，因为你在节目中看到了他，而他又是你的精神投射。你觉得男女之事不能用过于传统的观念来看待，感情的事情也不应该过于紧张，而应该像香港人一样，用一种轻松、包容、开放的心态来看待。

蓓蓓

是的，我很犹豫。我记得自己问完梦境中的老公，往回走时，还在想“香港人好开放啊”。房间里还有个小孩。我走进去后，F把门锁上了。当时，我就一下子不犹豫了，而且很坚决。后来，又有“旋涡”了……太纠结了……

梦侦探

是的，这就是你的防御心理。

蓓蓓

防御心理……呵呵……《盗梦空间》里有……

您所说的“完成任务其实就是完成你的夙愿”这一点，还有自我安慰这一点，都是我之前想不到的，但我觉得很有道理。

梦侦探

好了，我基本上揭开这个梦的真相了，你还有什么不明白的吗？或者说，你真的觉得这件事情与你对夫妻关系的反思没有关系吗？比如说，你可能会用这三个人（W、F和刘松仁）来代表你老公，绑架表示婚姻，完成任务则是对婚姻负责。你有没有想过，是不是彼此相爱的人会有更多的顾忌，而感情不深厚的人反而会更加放松呢？

蓓蓓

这个反思……我压根就没反思过我俩的关系……

梦侦探

那就算了，不深究了。这个梦解析到这个深度已经很不错了。

关于这个梦的对话就此结束了，相信各位看完这一段对话，应该对这个梦境的渊源有了一定的理解。这个梦源于梦女的心理波动。梦女遇到中学时的暗恋对象，希望过去那段感情得到证实，从而实现自己的夙愿。但是，情况并不是梦女所想象的那样，她与中学同学十多年之后再次相遇，两人的关系非常微妙，她无法弄清楚他的真实心思，这令她既纠结又失落。这个梦就是在这样的心理作用下产生的。

整个梦境，一方面表达了梦女在整个过程中的心理状态，如何纠结，如何瞻前顾后、患得患失；另一方面是梦女在自我安慰。最终的失落感需要消除，怎么办？梦女通过一些事情让自已释怀，比如说自已已经结婚生子了，所以才会这么犹豫，而这种心理又得到了同学 F 的理解，因此大家就没有捅破这层窗户纸，也就是点到为止（只有接吻）。梦境通过这样的理由，让梦女彻底释怀，了却这一心事，从而结束这一心理波动。

这就是这个梦境的真相，有趣吧！其实，我们每个人的心中都有一段这样的感情，而且都希望得到证实，以实现自已的夙愿。这种心理，大家都可以理解，但却没有意义，还不如没有答案的好。为什么这么说呢？一方面，是因为时过境迁，你现在得到的答案不一定是一种真实的答案；另一方面，我要告诉大家一个大秘密：如果你去追问，得到肯定答案的概率一定比较高。你千万别得意，因为这是由人性决定的——谁会让别人难堪呢？所以，你是得不到真实答案的。既然如此，何不留下这一段美好回忆，让它成为滋润你情感的雨露。

苦

所谓苦，是生活带给我们的苦楚，更多的是一种心灵的痛苦。进入青春下半场之后，我们要面对事业、家庭、情感和未来，在人生的十字路口不知何去何从，这是选择之苦。没有苦，哪来的甜呢？我们不仅要有苦尽甘来的信心，还要练就苦中作乐的本领，这才是真勇士。

1. 不该占据整个心灵的情愫——相思之苦

人生最大的痛苦应该是相思之苦，而单相思就是苦中之苦，因为这种痛苦没有尽头。当我们相思的对象是一个虚构的人物时，更是如此。面对这种情况，你应该怎么办?

有时候，某一个人本来与我们毫无关联，只是我们生命中的匆匆过客，可是我们却认定他就是我们生命中的贵客。他仅仅在我们这里停留了一小会儿，就走远了。我们还认为他一直停留在这里，停留在我们的心中，而不愿意让别人走进我们的心中……

这样的情愫很美吗？这样的情愫有意义吗？这样的情愫能够成为我们一生幸福的源泉吗？看看下面这个案例吧，这是一个网络上的女孩所做的梦。

梦女

老师，我有事向您请教。

梦侦探

好，说吧。

梦女

老师，我昨天晚上又梦到那个男同学了，确切地说，是一个曾经和我很要好的朋友。他喜欢我，我曾经想嫁给他。现在，如果他来找我，我也愿意，因为他给我的感觉是，我在他眼里很珍贵。我们已经有五年没有任何联系了，但是他在我的梦里出现的概率是最高的，尤其是我不开心的时候。昨晚，我梦到他穿了一件金色的夹克衫来找我（我知道他在北京。我们分开时，他已经在北大读硕士了）。

有一部分梦我忘了，只记得，我们去简陋的街道上溜达。后来，我好像要回教室（我在自考）。因为出来太久了，所以不好意思回教室拿我的东西。

于是，他帮我去拿。我等了好久好久，他还没有出来，我便走到栅栏边眺望。我又等了一会儿，好多同学都下课了，他还没出来。

我便掏出零钱，想数一数，并整理一下。我仔细一看，刚才还是整整齐齐的钱，怎么现在变得乱七八糟的，还有好多是拼接的，比如五角的三分之一和一角的三分之二拼接在一起，还有别的两种不同的零钱拼在一起。

好像我第二次把零钱拿出来整理的时候，他才出来。他手里拿着一把用红色金丝绒裹着的链子锁，一边与我们的同学说笑，一边准备锁门。

这时，闹钟响了，我醒了。

前两天，我看了老师的几条微博。于是，我现在就在想，我是不是在精神上很依恋他，所以梦到他的概率会高一些。请老师指教。

梦侦探

其实，这个梦很简单，主要表达了你对他的思念和依恋。数零钱时的混乱场景，表达了你内心的混乱和纠结，类似于一地鸡毛的感觉。而且，你说得很对，如果你不开心，梦到他的概率会高一些。

梦女

老师，我想问一下您，我心里一直想着这个人，这对我现在的婚恋会有影响吗？我始终认为他是最喜欢我的那个人。我三十岁了，没有男朋友，对婚姻也不向往。

梦侦探

是的，这只是你的一种情结，一种幻象，事实并不是这样的。其实，你并不是他心中的那个人。如果是，他早就来找你了。

梦女

您说得对，很残忍，也很真实。老师，谢谢您。

梦侦探

你要忘掉他，他不值得你这么留恋。

梦女

好吧。

梦侦探

不要光答应，要有行动。如果你下次跟我聊天，我希望听到的是，你已经有男朋友了。能做到吗？

梦女

好吧，我尽量。老师，我很难过。

梦侦探

你把这么多年的情感都浪费在这样一个不值得你花费心思的人身上，也该醒悟了。

梦女

谢谢您，老师！这句话对我非常有用。

梦侦探

这就好，我看你的行动。记住我们的约定。我希望下次你能高兴地告诉我，“老师，我有男朋友了，他很爱我”。

梦女

好吧，老师，我知道了。

对话就这样结束了。我们看到，梦女五年来一直生活在幻象之中，一直觉得他是最爱自己的人，一直觉得他会回来找自己，并因此影响了她的正常婚恋，甚至可能会影响她一生的幸福。我要说的是，暗恋或者爱恋本身并没有问题，哪个人没有呢？那是我们的美好回忆，是生命中昙花一现的绚丽色彩，是人生的意义所在。然而，如果我们让一段已经逝去的感情占据整个灵魂，那我们就变成了行尸走肉。我们无法感知真实的世界，无法体会真实的感情，我们的心完全被掏空了，我们简直没法正常生活。

面对梦女这种情况，我只能采取警钟长鸣的方式让她醒悟。只有这种简单、直接、残酷的方式，才能让她清醒过来。也许对于她来说，这会很痛苦，但是长痛不如短痛，良药苦口，这是最好的办法。

这次对话之后，我一直期待她的再次出现。我希望，当她再次出现时，她能够对我说……

2. 搞厕所卫生：再婚之苦

如果你有过一段不幸的婚姻，没有关系，结束了，可以重新开始下一段婚姻。当然，再婚比初婚要复杂得多，因为要面对更多的问题。没有关系，问题再多，阻力再大，只要你心中有信念，用真诚去打动周围的人，包括自己的父母，他们最终一定会祝福你的……

我们的感情经常会遭到父母的干涉和反对。在这种情况下，我们应该怎么办呢？一位梦女找到我，要我帮她解析一个梦。下面是我们之间的对话。

梦女

我昨天晚上梦到自己好像变成了小朋友。课间休息的时候，有人告诉我，家里有人过世了。我想请假回家，可老师不让，我急得哭了。老师看我哭得太伤心了，就说："你走了，就少一个人搞厕所卫生了。"我马上回答说："我请假回来后，一个人打扫厕所，他们只需打扫教室就行了。"老师没再说什么。我也不哭了。然后，我就醒来了。

这中间还有一点小插曲，就是我突然又到河边去洗鞋子。洗的过程中，还碰到了我讨厌的人，他一直纠缠我。不过，也没发生什么事。

梦女

我的情况：我2008年结婚的。我怀孕七个多月的时候，丈夫突然发病，一查是急性尿毒症。他在去年因病去世了。而儿子现在一岁多，刚过完年我就出来上班了。我姑给我介绍了男朋友，因为他比我大十多岁，所以家里人一直不同意。我弟现在又在闹离婚，他们非常担心我弟的事。我也就一直没有和他们说我的事，不想再烦他们。我还骗他们说我现在没有谈男朋友。我不想骗他们，可我又不好开口跟他们说。就这样一直拖着。

梦侦探

这个梦确实跟你最近所遇到的事情有关。

回到学校，表示你想要逃避这些事情的困扰。家里人去世，是你对家人在处理你这件事情上的怨恨，也可以理解为你与男朋友断绝关系。

你急哭了，自然是因为这件事情让你很焦虑，让你不知所错。

搞厕所卫生，代表了你对处理感情问题这件事情的看法，表示这是一件很麻烦的事情，令你憎恨。

河边洗鞋子，表达的是你想要摆脱这件事情带给自己的困扰。

被讨厌的人纠缠，说的还是这件事情对你的困扰。

请假回来之后再搞卫生，表达了你面对这一状况时的无奈、无助的心理。

这就是整个梦境所要表达的意思。

梦女

原来是这样的啊，谢谢老师。

老师，还有一个梦。前几天，我男朋友给我买了几件衣服。昨天晚上，他梦见那件衣服穿在别人身上。这怎么解？这个“别人”还是我现在的同事，也是女的。平时，我们的关系挺好的，不会是他有什么其他想法吧？

梦侦探

不是的。给你买的衣服穿在了别人身上，说明他对你们的情感有些担心，不知道你们的情感将来会发展成什么样子。因为那人是你的好朋友，你们经常在一起，所以你男朋友才会梦到她的。

梦女

那我应该怎么办呢？

梦侦探

这要看你怎么看了。如果你觉得现在的男友很好，你愿意继续与他交往下去，那么就要面对这个问题。

第一，要给男友信心，让他知道你对他的态度，而不是像现在这样犹豫不决。你这样做，男友当然会对你们的未来信心不足。

第二，要与父母多沟通，注意沟通方式，让他们理解你自己的幸福是他们给不了的，只有你自己才能够给自己幸福，而父母毕竟不可能跟自己过一辈子。况且，父母的出发点都是为子女好的，你只要坚信这一点，就一定可以说服父母的。

梦女

知道了，谢谢老师。

这就是梦女以及她的男友的梦境。通过这两个梦境，我们看到，梦女与她的男友都在承受着再婚所带来的压力和考验，两个人的心态都有一点不稳定。梦女在压力下心烦意乱，不知所措。男友在梦女的这种心态的影响下，也有点迷惑了，不知道自己的这份情意是否还有着落。问题的关键就是，梦女必须做出判断和决定，如果这份情意值得坚持，那么就要调整心态。一方面，要坚定男友的信心；另一方面，要加强与父母的沟通，得到父母的支持，从而使自己的第二次婚姻获得成功。

3．异床同梦——现实之苦

我们经常会说到同床异梦或者同床同梦，这些都是很正常的事情。同床同梦，是因为家庭是一个整体，两个人会面对相同的问题，所以睡在同一张床上的两个人会对同样的问题产生类似的反应，从而做出同样的梦境。而同床异梦强调的是个体的独特性，每一个个体都是独特的，是别人无法代替的，所以即使两个人躺在一张床上，面对同样的问题，也会有不同的反应，这就是同床异梦。当然，如果心不在床上了，那就更加如此。

今天这个案例，是一个异床同梦的案例。异床同梦是什么意思呢？那就是睡在不同床上的人竟然会做出同样的梦境。这对于婚外恋的情侣来说，应该是一件很正常的事情。虽然他们没有睡在一张床上，但是他们心中的感受却是一样的，因此会做相同的梦。

可如果情况不是这样的呢？下面的梦境，是一位梦女与她的房东大姐同时做的。两人做了相同的梦境，梦女觉得不解，便向我请教。

梦女

昨晚发生了非常奇怪的事情。房东大姐做了很多梦，其中有个场景是把鱼放在盆里。而我昨晚也做了梦，还梦见她了，梦见她把鱼放在盆里。今天早上，我们说起自己的梦，都觉得太奇妙了，就像《盗梦空间》一样。怎么会这样呢？难道这就是传说中的心灵感应吗？

梦侦探

昨天临睡前，你们一定在一起聊天了，你们谈论了什么话题？

梦女

昨天，我们都很晚才回家，然后聊了一会儿天，就睡了。

梦侦探

聊的什么？

梦女

房东大姐说她白天去给亲人烧纸钱。

梦侦探

有没有放生？

梦女

没有。其实，我的梦跟她的梦还是有区别的。她梦见自己把鱼放在别人家的盆子里，后来那家的女主人把她撵出来了。而我梦见她把鱼放在盆子里，还把醋反复浇在鱼身上，那鱼也没死，我还看到它垂死挣扎的样子。

梦侦探

你那个梦跟大姐的梦不是一个梦，并没有指向同一事件，而是表达了各自的心思。至于你为什么会梦到大姐，这源于你们临睡前聊了一会儿天。

大姐的梦是一个患得患失的梦，源于她烧纸祭拜时所遇到的事情或最近的烦恼。

而你的梦呢，很有意思，表达了你的心情，一种受煎熬的感觉。你想想当天或者最近发生了什么事情，一定有一件你印象深刻的事情。

梦女

我就发现我最近总是很焦虑。白天一晃而过的小事情，总会在梦里出现。而且，自己还会担心这担心那。

昨天，我还梦见了小学同学，一个和我很要好的哥们儿。他说他喜欢我。然后，老师还让大家考试，我被安排在教室外面。考试时，我也蛮紧张的。

梦侦探

当你在梦中看到鱼被浇了醋后挣扎不死时，你的情绪是怎样的？

梦女

我很难受。一方面希望她不要再浇了，另一方面又希望鱼快点死，这样就不疼了。这个梦跟我刚才所说的在学校的梦是连在一起的。

梦侦探

这个梦可能与你目前的工作状态有关。因为你在工作中遇到了不如意的事情，所以很焦虑。

梦女

可能是吧。我在自学，马上快考试了，所以比较焦虑。而且，我租的房子也到期了，又要忙着看房子。工作方面，我前段时间想调动部门，但是领导又不让我走。总之，就是这类琐碎的事情。

梦侦探

梦中的鱼就是你自己的写照。你对照一下，想想那鱼就是你自己，你就能理解这个梦了。这种折磨让你很难受，所以你想尽快摆脱它。

梦女

唉，原来那个鱼是我自己啊。

梦侦探

是的。至于你们两个为什么会同时做出跟鱼有关的梦，这与房东大姐去烧纸钱有关。而这件事情很容易跟放生联系起来，所以我才会问她有没有放生。虽然她没有去放生，但是，当你们谈论烧纸钱这件事情时，你们的潜意识都会不由自主地联系到放生，因此在梦境中，你就借助与放生有关的鱼来表达自己内心压抑已久的困扰。

至于房东大姐的梦，她一定遇到了某些不愉快的事情。她有没有说？主要是情绪问题所导致的。她的梦里有一种得不偿失的感觉，还是吃力不讨好的感觉。总之，跟金钱或者情感纠纷有关，因为鱼在我们传统文化中有“财”的寓意。

梦女

您这样一说，我想起来了，可能真像您所说的那样，她遇到不爽的事太多了。比如去年年底的一笔四百万的款，老是结不下来，房产证一直都没办好，青黄不接的。还有，她的感情也不顺，总是遇到骗子之类的。

梦侦探

这就对了，这个梦就源于她的这些现实焦虑，既有“失财”的喻意（将鱼放在别人的盆子里），又有“人财两空”的喻意（还被人撵出来）。这说明她这一段时间既有金钱方面的困扰，又有感情方面的困扰。

被别人家的女主人撵出来，可能就是你所说的感情上遇到骗子，那骗子一定是骗财又骗色，所以房东大姐觉得钱都进了别人老婆的口袋，自己什么也没有得到。

梦女

是的，您这样分析是对的，情况就是这样。

不过，很奇怪，房东大姐经常会做一些预言的梦。有一次，她梦见一个朋友拿着刀劫持她，但却开玩笑地说：“你给我两千元。”当天晚上，她的一个朋友叫她出去玩，快结束的时候，那人说：“不好意思，我今天没带够钱，你能先帮我垫上吗？还差两千元。”连数额都一样哦。

梦侦探

这是很正常的。因为她经常遇到这种事情，使她的潜意识受到影响，让她心有余悸，所以她在潜意识中会做出这样的梦来。而现实中经常发生这样的事情，因此她就会做梦预言这样的事情。

至于为什么正好都是两千元，一方面出于偶然；另一方面也说明她们打牌时需要借的钱正好是两千元。也就是说，两千元大概是他们互相借钱的一个基准数。于是，这个数字出现在了梦境中。

梦女

您这样一分析，我基本上就清楚了。没想到一个梦蕴含了这么复杂的心理。

我们看到，两个几乎雷同的梦，其实是完全不同的两件事情，表达了梦女和房东大姐面对不同的人生现实时的不同心理。我们有时候很容易忽视现实中的一些事情，认为它们不是什么大事，不用记在心里。但是，我们的潜意识是不会放过任何蛛丝马迹的，只要是我们经历过的事情，都会留下印记，并悄悄出现在梦境中，考验我们的辨别能力。

4. 寻找丢失的东西——心灵尘封之苦

在你成长的过程中，当你的心灵不能得到很好的理解时，或者说，当你的心灵屡次遭受现实的伤害时，你就会将它尘封起来，以免再次受到伤害。可是，这样做的结果是，你的心灵和人格就会停止成长。你的年龄在增长，身体在成熟，可是心灵却停留在过去的某个时刻，并没有随之成长。

直到某一天，一件偶然的事情，一次偶然的契合，不经意地触碰了你尘封已久的心灵，让你慢慢苏醒过来。这时，你才意识到自己曾经尘封了这样一颗心灵，而你已经浑浑噩噩过了那么多年……

一天，一位梦女给我写了一封邮件。邮件是这样写的：

梦侦探，我最近没有做过很有意思的梦，只是做了一个回原公司拿东西的梦。这是我所做的第二个回某地拿东西的梦，但是我不知道自己忘记了什么东西。

做梦的时间就是收到您的回复邮件的那天。我梦到自己回到以前的公司拿东西。

我是在下午六点去的，却在电梯口碰到了熟人，但他没有注意到我。

然后，我乘坐扶手电梯去二楼。现实中，那个办公室在一楼，电梯像微波炉一样，但是梦里的电梯是商场里的那种扶手电梯。

我上了二楼，发现办公室里的人都在，都没有下班，本来他们五点半就应该下班的。于是，我就在门口转了一圈，没有进去，心想，他们下班的时间又推迟了。

这就是整个梦境。我们来看这究竟是一个什么样的梦。

这位梦女是通过微博跟我联系上的。她告诉我，自己做了很多梦，并且都记录下来了。这引起了我的兴趣，我决定研究她的梦。她听后非常高兴。一直以来，她都被各种稀奇古怪的想法困扰着，总觉得自己跟这个世界格格不入，甚至觉得自己所在的这个世界不是真实的，而是梦幻的，觉得自己与这个世界没有交集。

她听到我愿意深入分析她的梦境，便将自己的梦做了整理，全部发给了我。这个梦境就是她收到我的回复邮件之后所做的。

我们来看，梦境第一段是梦女梦到自己回到以前的公司拿东西。这其实就是梦女想回到过去，寻找什么东西。什么东西这么重要呢？在收到我的回复邮件之后，是什么触动了梦女内心最敏感、最脆弱的那根神经呢？其实，回到过去，就是探寻自己的心灵，探寻遗留在过去的心灵世界——自我。

梦女觉得自己一直生活在浑浑噩噩之中，不知道自己是谁，从哪里来，要到哪里去，而自己生活在这个世界上没有什么意义……这些困惑只能深深地埋藏在自己的心中，找不到人倾诉。当她让我帮她分析梦境，其实是分析心理的时候，她似乎有一种恍惚的感觉。在这种恍惚的感觉中，她都不知道自己这么多年是怎么走过来的。这个一路上浑浑噩噩走过来的人是自己吗？如果是，为什么自己毫无感觉呢？如果不是，那又是谁呢？自己到底去了哪里？这些疑问激发了她的潜意识，她要回到过去，寻找自己，寻找真实的自我。

梦境第二段是梦女打算在同事们下班之后再去找东西，这表示她不愿意碰到熟人。但是，事与愿违，她偏偏在电梯口碰到了熟人。不过，值得庆幸的是，那人没有注意到她。她不愿意碰到熟人，这是她在隐藏真正的自我，一个从来没有显露出来的自我，她不愿意把它拿出来示人。

碰到熟人，有惊无险，那人并没有看到梦女。这是梦女常有的感觉，她觉得自己就像一个隐身人一样，没有人会注意到自己，但是自己却可以看到所有人那种幽灵般的感觉。梦女将这种完全没有身体、只有灵魂的感觉在梦境中再次呈现出来。

梦境第三段，梦女乘坐扶手电梯去二楼，这与现实不太一样。现实中的那个办公室在一楼，电梯像微波炉一样，但是梦里的电梯是商场里的那种扶手电梯。这一段梦境表达了梦女在收到我的回信之后的心理变化。首先，原来的电梯就像微波炉一样，这表达了一种闷在里面，无法透气的压迫感。我相信，梦女每次坐电梯时，都会有这种强烈的感觉。在梦里，电梯变成了扶梯，有一种视野开阔的感觉，而这样乘坐起来便更加轻松了。其次，办公室本来在一楼，梦里却变成了二楼，这是说梦女的心灵层面得到了提升。

梦境第四段，梦女上了二楼，发现办公室里的人都在，都没有下班，本来他们五点半就应该下班了的。于是，她就在门口转了一圈，没有进去，还在心里想，他们下班的时间又推迟了。这一段表达的是梦女的一种犹豫心理。梦女不愿意将自我拿出来示人，即使面对值得信任的我，也是如此。无论梦女有多大的触动，要走出第一步，还是很难的，她不能确定自己是否要这么做。于是，她便在梦境中设计了这样一个情节，本来五点半就应该下班的旧同事并没有下班，因此自己不能进入办公室。这个情节的设计，给了梦女犹豫的理由。她在门口转了一圈，其实是她在自己的心灵门口徘徊，不知道是否要走进去寻找真实的自我。最后，梦女只得以“他们下班的时间又推迟了”为理由，来安慰自己。

这就是整个梦境所传递出来的信息。从这个梦境来看，梦女已经受到了触动，并且跃跃欲试，想打开自己尘封已久的心灵之门。但是，梦女还不能十分确定，依然不敢迈出第一步，她在犹豫，也在等待时机……

5. 过关：生活之苦

生活之苦有很多种，不同的人面对的是不同的生活，因此也就有不同的苦楚。有时候，你似乎被生活之苦压得喘不过气来。其实，这是自己给自己施加压力。你要做的是，放下自己的心理压力，换一个角度、换一种心态去面对生活。这样，你就会觉得眼前豁然开朗。

下面这个梦是一个梦女做的：

一开始，我和一大帮同学在上课。很快，就下课了，到了吃中饭的时间，同学们陆陆续续地端着碗去打饭。我很迷茫，不知道该去哪里打饭，手上也没有碗。好不容易，我跟着同学到了食堂，却发现自己没有卡（买菜还得刷卡），于是只得找同学借。等借到卡时，就只剩下一些我不爱吃的菜了。接着，我就和同学说了些什么。具体说了些什么，我也不记得了，但是说话的地方不像是在学校，而是在一个很大的湖边，有很宽的湖面，还有很大的风。

说着说着，我就看到我弟和一些人朝我走来。可能是他的朋友，反正我不认识。这一大帮人跟我说，他们遇到了困难，让我帮忙。有的人并不相信我能帮他，很轻蔑地看着我。我心想，不能让他们看不起我，于是，便跟着他们走了。

到了一座房子前面，他们说一共有十个房间，到目前为止，还没有人能一次通过这十个房间。我觉得怎么有点像在玩游戏。他们也没说为什么一定要过去，过去又能怎么样，只是说过完后，必须有一个房间的门是锁着的，才算成功。我心想这太矛盾了，门锁着还怎么过呢，但又不能说不去，而且，我觉得这件事很重要，一定得过去。

于是，我带着他们一间一间地过，过程记不太清楚了，只记得房间里有拿武器的人，有猛兽，但是我们也没有和他们打架，也没有被咬伤，很轻松地通过了。

这当中，最重要的一个细节就是，在我们过一个房间的时候，我看到门把上面挂着三把锁，全都是打开的，我非常认真地把其中一把锁上了。然后，我心里非常高兴，觉得自己找到答案了，知道他们之前为什么说必须要有一个房间是锁上的。之后，我很骄傲地带着他们过了这十道门。可是，当我从另一边出来的时候，他们又回到原来的地方去了，而且有些人还受了伤。

我也不管他们，继续往前走（心里有个声音说“你要一个人走下去”）。穿过一些荆棘后，我看到了一大片湖面，但是这个湖和之前那个湖好像是两个世界的东西。站在湖边上，我心里更加宁静，也更喜欢它。突然，我发现湖面上有一个小木棚，里面好像有个人在做什么。这个世界很安静，很安静，好像就只有我一个人存在……

我想待在这个世界里，可心里总有什么事放不下，总觉得只有把它办完了，才能安心地待在这里。于是，我听从心的安排，准备回到原来那个世界，去完成这件事。我一路走啊走。一开始，我觉得我的亲人在陪着我一起走。一路上，我们走得很快，有说有笑。然后，我就遇到了一堵土墙，又像是一个很陡的土坡，下面是稀泥田，好像还有个梯子。这个梯子很怪，又像是现实中的架子床。他们踩在床沿上，一蹬就上去了。他们全上去之后，我却上不去了。我一踩床沿，床就向我压来，我被压到了泥田里，弄得全身都是泥。他们看我上不去，也就不理我了，都走了。我又急又恨，恨他们不管我，急自己为什么总是上不去，明明有梯子，可我一踩，梯子就倒了。

我好不容易从泥田里挣脱出来，正好碰到一个人也要上去。我想，我爬了这么久都没上去，人家还有事呢，我就让他先上去。我给他扶着梯子，他好不容易才爬了上去。他想拉我上去，可我最终还是没有上去。我就让他先走，不要管我了。他就走了，然后就剩下我一个人了。之后，又来了很多人，他们一个一个都上去了。我感到非常无助，就哭了。再后来，我就醒了。

我想，我大概知道自己为什么会做这样的梦了。这表明我被现实生活困扰着，希望有所改变。

我的具体分析是：我弟正在闹离婚，女方一直不同意。我想帮他，却无能为力。我自己的感情也得不到家人的肯定，我希望他们能同意，或者干脆不管。我想，这便是我做这个梦的原因。

看完梦女的叙述，我给梦女写了一封信。信的内容是这样的：

你对这个梦的分析基本是准确的，就像你所说的，这表明你被现实生活困扰着，希望有所改变。下面，我们来详细分析这个梦境。

【梦境第一段】

一开始，我和一大帮同学在上课。很快，就下课了，到了吃中饭的时间，同学们陆陆续续地端着碗去打饭。我很迷茫，不知道该去哪里打饭，手上也没有碗。好不容易，我跟着同学到了食堂，却发现自己没有卡（买菜还得刷卡），于是只得找同学借。等借到卡时，就只剩下一些我不爱吃的菜了。接着，我就和同学说了些什么。具体说了些什么，我也不记得了，但是说话的地方不像是在学校，而是在一个很大的湖边，有很宽的湖面，还有很大的风。

这一段表达的是你工作上的迷惘。吃饭和饭碗意味着工作，说明你对目前的工作状况很迷茫，不知道自己需要什么样的工作，并对未来的职业生涯产生了困惑。

【梦境第二段】

说着说着，我就看到我弟和一些人朝我走来。可能是他的朋友，反正我不认识。这一大帮人跟我说，他们遇到了困难，让我帮忙。有的人并不相信我能帮他，很轻蔑地看着我。我心想，不能让他们看不起我，于是，便跟着他们走了。

这一段梦境表达了弟弟离婚这件事对你的困扰。他有求于你，但你却无能为力。你的家人似乎对此并不支持，而你弟媳对你的态度也不太好。

【梦境第三段】

到了一座房子前面，他们说一共有十个房间，到目前为止，还没有人能一次通过这十个房间。我觉得怎么有点像在玩游戏。他们也没说为什么一定要过去，过去又能怎么样，只是说过完后，必须有一个房间的门是锁着的，才算成功。我心想这太矛盾了，门锁着还怎么过呢，但又不能说不去，而且，我觉得这件事很重要，一定得过去。

这一段表达的意思就是你要帮助弟弟渡过这个难关。你明知道这是一件很难办的事情，其中有打不开的结（梦中的“锁”），但是迫于压力，你还是硬着头皮上了。

【梦境第四段】

于是，我带着他们一间一间地过，过程记不太清楚了，只记得房间里有拿武器的人，有猛兽，但是我们也没有和他们打架，也没有被咬伤，很轻松地通过了。

这一段表达的是你在处理弟弟离婚这件事情上所遇到的各种艰难险阻。

【梦境第五段】

这当中，最重要的一个细节就是，在我们过一个房间的时候，我看到门把上面挂着三把锁，全都是打开的，我非常认真地把其中一把锁上了。然后，我心里非常高兴，觉得自己找到答案了，知道他们之前为什么说必须要有一个房间是锁上的。之后，我很骄傲地带着他们过了这十道门。可是，当我从另一边出来的时候，他们又回到原来的地方去了，而且有些人还受了伤。

这一段是说你在处理弟弟离婚事件的过程中，似乎有所领悟，找到了解决问题的方法，但是你却发现这都是白费工夫，一切又回到了从前，问题仍然没有解决，而且两败俱伤。

【梦境第六段】

我也不管他们，继续往前走（心里有个声音说“你要一个人走下去”）。穿过一些荆棘后，我看到了一大片湖面，但是这个湖和之前那个湖好像是两个世界的东西。站在湖边上，我心里更加宁静，也更喜欢它。突然，我发现湖面上有一个小木棚，里面好像有个人在做什么。这个世界很安静，很安静，好像就只有我一个人存在……

这一段表达的是你受挫之后的心理。你希望自己能够摆脱所有的烦恼和困扰，回到自己的世界。

【梦境第七段】

我想待在这个世界里，可心里总有什么事放不下，总觉得只有把它办完了，才能安心地待在这里。于是，我听从心的安排，准备回到原来那个世界，去完成这件事。我一路走啊走。一开始，我觉得我的亲人在陪着我一起走。一路上，我们走得很快，有说有笑。然后，我就遇到了一堵土墙，又像是一个很陡的土坡，下面是稀泥田，好像还有个梯子。这个梯子很怪，又像是现实中的架子床。他们踩在床沿上，一蹬就上去了。他们全上去之后，我却上不去了。我一踩床沿，床就向我压来，我被压到了泥田里，弄得全身都是泥。他们看我上不去，也就不理我了，都走了。我又急又恨，恨他们不管我，急自己为什么总是上不去，明明有梯子，可我一踩，梯子就倒了。

这一段是说你无法摆脱现实生活中的困扰，而必须回到现实中来解决自己的事情。你的感情遇到家人的阻碍（很陡的坡），你无法跨越这道坎，还弄得自己一身臊，搞得不清不楚、不明不白（稀泥巴）。在这里，架子床象征着感情和婚姻。

【梦境第八段】

我好不容易从泥田里挣脱出来，正好碰到一个人也要上去。我想，我爬了这么久都没上去，人家还有事呢，就让他先上去。我给他扶着梯子，他好不容易才爬了上去。他想拉我上去，可我最终还是没有上去。我就让他先走，不要管我了。他就走了，然后就剩下我一个人了。之后，又来了很多人，他们一个一个都上去了。我感到非常无助，就哭了。再后来，我就醒了。

这一段是说在感情这件事情上，你的男友很不给力，只知道自顾自，留下你一个人应对，所以你感到很无助。

这就是整个梦境所表达的内容。通过这个梦境，我看到了你的努力，看到了你面对生活时，不屈不挠的精神。为了弟弟的事情，你可以屡败屡战，用尽全力来帮助弟弟过关。但是，面对自己的问题时，你却有点气馁了。

我们往往会在最后关头被自己的心理压力压垮。其实，最艰难的时刻，有可能就是黎明前的黑暗。只要我们挺过了这一关，就可以进入新的人生旅程，开始一段新的生活。

辣

所谓辣，就是棘手的事情，就是你不得不面对但又难以处理和把控好的事情，如同火中取栗一样，如果处理不好，可能会留下一些后遗症。进入青春下半场，你会遇到很多棘手的问题，工作、感情、钱财、婚姻等，面对这些问题，你应该怎么办？

1. 房奴的压力之梦见钟镇涛

朋友之间借钱的事情，相信每个人都碰到过。“救急不救穷”，如果朋友真的有需要，那应该两肋插刀，但是如果情况并不是这样，就有点难办了。不借吧，不够意思，挂不住脸；借吧，可能会“肉包子打狗，一去不回”，而且你还很难开口去催他还钱。这年头，哪一分钱不是辛苦赚回来的，而且自己也是处处需要钱，也很缺钱。特别是那些当房奴，上有老、下有小的人，不仅每个月要还贷款，还要养家糊口，一旦断档，就傻眼了。

我经常将解梦的文章放在空间中，很多人看了，觉得我解得很好，并且认为自己也会解梦了。其实，他们只知道一些皮毛，没有真懂，因为只有自己亲身实践过的知识，才会真正属于自己。还有一些人看了之后，会将自己的梦讲给我听，让我给他分析。通过这种互动，他们对人性有了更多的了解。其中，一些优秀的人，在经过很多次的解梦之后，慢慢对梦有了较深的认识，也能够透过梦境看到别人的内心世界。

今天，我要说的就是一位经常让我给她解梦的学生。她竟然不需要我的帮助，独立解析了一个难度并不低的梦，而且分析得非常完美。她不仅将梦境所表达的意思分析得清清楚楚，而且对梦境中的每一个细节都做了近乎完美的解释。这让我在惊叹不已的同时也为她感到高兴和自豪。她真的是一个很聪明的孩子。

下面就是她所解的这个梦和我们的对话过程。

学生

老师，我哥最近做了一个梦，梦到他与钟镇涛一起开着跑车出去玩。

钟镇涛开车，哥哥坐在他的旁边。车子启动了，钟镇涛没有系安全带，我哥系了。开了一会儿，两人都觉得肚子饿了，就停下来到路边去吃饭。那是一家羊肉烩面馆（我们老家的）。他们进去之后，遇到了哥哥的好朋友，那人叫小马哥。哥哥看到小马哥和他女朋友坐在桌子的对面，但是却发现两个人长得一样。接着，小马哥和他女朋友点了羊肉烩面。店员说现在的烩面是二十元一碗。哥哥在旁边听着，觉得很贵。梦到此就结束了。

老师，您觉得这个梦的关键点是什么？他为什么会做这样一个梦？

梦侦探

哦，你是怎么理解这个梦的？

学生

我觉得这个梦的主题与“破产”有关。

首先，他梦到钟镇涛，这个人和他八竿子打不着，因为他也不怎么关注娱乐明星。我们都知道，钟镇涛曾经在香港宣布了破产，而我哥在梦中和他同坐一辆车子，这表明他潜意识里认为自己快要和钟镇涛一样破产了。

接着，两人一同去吃面，哥哥看到小马哥和他女朋友坐在桌子的对面，而且发现两个人长得一样。这时，他看到的小马哥和他女朋友，其实影射的就是他和我嫂子，他认为自己和我嫂子很像，都是不喜欢乱花钱、有计划的人。

梦侦探

嗯，继续。

学生

呵呵，我还是先向老师说一下我是如何得出这个结论的吧！

我哥做了这个梦之后，他就和我聊了起来。当时，我也不知道该如何解析这个梦，就问他这两天发生了什么事，有没有什么事情对他的触动比较大。

在他说话的过程中，我注意到几点：第一，他说我嫂子最近在老家休产假，让他给她再汇两万元钱；第二，他们单位一个和他关系较好的同事，和他一起出去喝酒时，借了他一点钱(金额不大)。但是，这两者都和钱有关。

梦侦探

嗯，不错，抓住了核心。

学生

还有，他提供了一个线索，就是他前几天看港台新闻时，看到了有关钟镇涛的新闻，是说他破产之后的生活之类的事。

当时，他只看了看，并没有什么感想。不过，我觉得钟镇涛出现在这个梦里，肯定和这个新闻有一定的关系。最近两天，周围的人都在找他借钱，而且这几天刚好也是他付房屋贷款的日子。

学生

我觉得，我哥可能是因为这个有压力了，所以就在梦中表达出来，觉得自己好像破产了一样。

这样的话，谜底就揭开了。

这个梦源于一个收入不高并且是房奴的男人的内心压力。最后，一碗面二十元，他觉得很贵，就点明了这个主题。

梦侦探

哈，解得好!

学生

而在梦中，钟镇涛没有系安全带，我哥系了，这表明他觉得自己还是有分寸的，还在努力控制自己，承担这个家庭的责任。

我哥梦到小马哥和他女朋友长得一样。这个小马哥和他的女朋友现在都住在老家，并且和我哥是一墙之隔的邻居。我嫂子目前也在老家，和他们离得最近。

在我哥看来，嫂子是一个有计划、不会乱花钱的人。这一点和他很像，而且两个人都比较能克制自己。在梦中，小马哥的女朋友点了一碗二十元的面，是有点贵，就像我嫂子让我哥给她汇两万元一样，他觉得这不太像我嫂子的习惯。这表明我哥担心嫂子会受到他们的影响。

梦中的这些事情都是在老家发生的，也是因为我嫂子在老家，小孩也在老家，这表达了我哥对老家的一种牵挂。

这就是我对这个梦的理解。

梦侦探

嗯，具体分析也很到位。

学生

老师，还有呢，还有尾声。

我给我哥分析之后，他就用那种“不可能”和“崇拜”的眼神看着我。当时，我就想到一点，梦中出现的羊肉烩面馆，其实就是我哥刚和我嫂子谈恋爱时，曾经带我去过的五一烩面馆。我哥听后，完全无语了，说他怎么会有这么一个厉害的妹妹。他告诉我，他俩谈恋爱时，经常去那家面馆吃饭。

各位也看到了，我基本上没怎么动口，只是“哦嗯呵哈啊”几下，这个梦就被我的学生轻而易举地解析出来了。她将一个承担家庭责任的好男人的心态剖析得淋漓尽致。老婆刚生完小孩，需要钱。每个月的房屋按揭，需要钱。而现在，同事又来借钱。他仅仅只是一个普通的工薪阶层，面对如此巨大的压力，肯定会担忧和害怕，害怕自己也像钟镇涛那样破产。但是，通过学生对梦境的分析，我们可以看到，梦主还是“系了安全带”，这说明他虽然有压力，但还是控制了风险。

我们看到，面对生活压力，梦主处理得还算妥当。所以，我们一方面要控制好风险；另一方面，该花的钱还是要花，该借的钱还是要借。谁没有个棘手的事情呢？当然，最关键的一点就是要控制好风险，不要让自己无路可退，走到濒临破产的边缘。

2. 愤怒——婚外恋之“辣”

三十岁之后，人们一般都拥有了婚姻。而婚姻是一把双刃剑，如果你足够幸运，遇到了自己的终生所爱，那么你的故事就会如童话故事所描述的那样：从此，王子和公主幸福地生活在一起……

然而，人生总是充满曲折，并不是每段婚姻都能让两个相爱的人找到归宿感。当感情出现问题时，有人会通过一些情感补偿，或者说感情的尝试，来找到心灵的归宿，因而就产生了婚外恋。

一天，一位梦主找我聊天，要我给他解一个梦。刚开始，他吞吞吐吐，让我觉得这样解梦毫无意义。解梦不是电视节目中的“猜猜猜”游戏，而是一种深度沟通，是做梦者借助解梦师的专业知识，解开自己内心的迷惑，从而对自我有一个更深刻的认识。

既然此君不愿意敞开心扉，那我也就没必要浪费那么多时间，所以我决定不再继续下去了。在这种情况下，此君终于卸下心理防御，将整件事情告诉了我。

原来，这位梦主是一位有妇之夫，而他偷偷找了一个女朋友。但是，他与女朋友分居两地。虽然一个月只能见一两次面，但两个人的感情却很深。最近发生了两次不愉快的事情，而且都发生在周末的晚上。他联系不到女朋友了，打手机没有信号，而家里的电话也没有人接。

第一次，梦主竟然一个晚上都没有联系上女朋友，这让他怒火冲天，直到第二天才联系上她。原来，女朋友的单位搞活动，去了一个郊区，信号不好，无法联系。当时，女朋友没有想到问题的严重性，后来才给梦主做了解释，并且保证以后一定会注意。这件事情就这样不了了之了。

可是，刚过去一个礼拜，梦主又联系不到女朋友了，这让他再次怒火冲天。他觉得女朋友一定有什么事情瞒着他，于是决定跟她摊牌。这次，他并不是一定要找到她，只是给她发了一条带有情绪的短信，然后就关机睡觉了。当晚，他就做了下面这个梦。

我跟女朋友在外面玩，她的形象有点模糊。这时候，突然来了一帮人，要检查我们的身份证。他们有的说日语，有的说韩语。让我想起白天一个朋友发给我的关于电影《建国大业》的段子。建国大业的所有中方演职人员拿的都是国外护照，拍的却是中华人民共和国的建国大戏。

《建国大业》的演员有：陈凯歌［美］、陈红［美］、刘亦菲［美］、陈冲［美］、邬君梅［美］、顾长卫［美］、蒋雯丽［美］、宁静［美］、王姬［美］、童安格［加拿大］、蒋大为［加拿大］、徐帆［加拿大］、陈明［加拿大］、张铁林［英国］、韦唯［德］、李连杰［新加坡］、斯琴高娃［瑞士］、胡兵［泰国］。一群外国人，不远万里，来到中国，拍中国的历史大戏。这是一种怎样的精神？这是一种国际主义的奉献精神！

我当时就在想，这个段子还可以增加一条：连查身份证都用外国人了。

接着，我主动把身份证拿出来，但却有点担心女朋友。她没有带身份证，准备回去取。这时，查我身份证的人对我似乎有点怀疑，要我取下眼睛。是的，是眼睛，而不是眼镜。他们可以通过眼睛检验身份的真伪。我清楚地看到，他们就像取眼镜一样，把我的眼睛拿了下来。那两个眼睛就像两个小西红柿。突然，我发现查我身份证的人变成了我的同事，我叫他小心点，不要乱动。他却执意要拿过去看看，然后告诉我其中一个眼睛有压坏的痕迹，并且说要挤一挤，挤掉那些坏了的部分。

我命令他千万不要乱动，因为这双眼睛很脆弱，不能动。但是，转眼之间，他竟然把那些坏掉的部分咬下来了。这可是我的眼睛啊！我顿时愤怒了，对他拳打脚踢，并且冲到似乎是派出所之类的地方，声嘶力竭地向他们讨说法，扬言要告他们，还把他们用外国人查身份证这一事实拿出来说。总之，我非常愤怒，最后竟然从梦中惊醒了。

我们来看，这个梦其实很简单、很清楚，表达的是一种愤怒的情绪，而且是由女朋友事件引起的情绪。如果简单解析，到此就可以结束了；如果我们想深入了解梦境中的细节，还可以继续分析下去。

首先是检查身份证。其实，这就是梦主对女朋友不知去向的担忧。在梦境中，女朋友的形象很模糊，这正是梦主对女朋友身份的怀疑。女朋友没有带身份证，也说明了这种怀疑。

为什么是一些外国人来检查证件呢？可能是梦主受了《建国大业》这个段子的刺激。另外，梦主还讲了一件事，可能也与此有关。前不久，他在电视上看到了一个新闻，说某城市聘用了一个印度小伙子做兼职城管，帮助管理城市。当时，他觉得很惊讶。这就说明，在一个梦境中，并不是每一个情节都有意义，有些是自由联想，与梦境的主旨无关。

梦境中，对“我”的身份的怀疑，实际上仍然是对女朋友身份的怀疑，或者说，是对他们这段关系的怀疑。最有意思的是，为什么会出现通过眼睛验证身份这一环节呢？难道梦主认为自己看错了女朋友？有可能。但是，通过我与他的深入沟通，觉得另一种可能性会更大，那就是当梦主找不到女朋友时，猜测她可能跟别人一起去看电影了，因为只有在看电影时，才需要关机，而梦女恰好曾经有过这样的前科。

你看，就是看电影这一事件，导致梦境中出现通过眼睛验证身份的情节，所以这一段梦境的逻辑就是：如果女朋友没有去看电影，那么她就是清白的。

最后，脆弱的眼睛受到伤害，其实就是梦主脆弱的神经受到了伤害。

眼睛被咬，简直太过分了；而女朋友的失踪，也让梦主觉得她太过分了。于是，愤怒爆发了。

梦境中，为什么是这位同事来触怒梦主呢？据梦主所讲，最近，他的这位同事做了一件事情，让他很不爽。虽然只是一点点不愉快，完全没有到愤怒的程度，但是在梦境中，他竟然那样愤怒，简直不可思议。

其实，梦境并没有放大愤怒，因为梦境中的愤怒表面上是针对梦主同事的，实际上却是针对他女朋友的。梦主的同事在梦境中成了替罪羊。这就是梦的奥妙。它总是曲折地表达梦主的内心世界，用一个类似的事物或者人来替代梦主，这样就不会引发梦主内心的焦虑和冲突，也能让自己在梦境中的行为全部合理化，从而获得一种道义上的优势。

3. 侍寝——亲情之“辣”

姐妹之间的关系是这样的：如果年龄相近，则会有争夺父母之爱的潜意识；如果年龄相差较大，则会有监护与依赖之间的内在冲突。姐姐虽然会呵护自己的妹妹，但毕竟不是母亲，如果妹妹想当然地对姐姐提出母亲那样的要求，长此以往，姐姐一定会心理不平衡……

一位梦女做了一个梦，梦境如下：

一群人在老屋前的操场上逗一个哭泣的孩子。孩子很闹腾，大人们用各种方法去哄她，然而她依旧哭个不停。直到我抱住她，我很用心地抱着她，把她的脖子和头都放在我的肩膀上，一边轻轻拍打着她的后背，一边有节奏地哄着她。她果然不哭了，还非常依恋我，乖乖地靠着我。

这时候，我的小表妹好像有点吃醋了，拿着大针筒，略带调皮地过来扎我。我抱着孩子，没法躲闪。她扎了我一针，就跑开了，然后又跑回来继续扎。她扎了我好几针，虽然很痛，但都是皮肉之痛，我还能忍受。直到最后一针，她扎到了我的穴位，我的整条右腿的经脉都在抽搐，实在没有办法正常走路了。

我去找医生医治我的腿，只能找经络医生。我到了学校，遇到了一个能治疗我的腿的医生。她是我的小学老师，很有威望，也很厉害、很苛刻。我请求她为我治疗。她想带我去她住的地方。此时，我好像变成了一个男人。我懂她的意思，她想让我为她侍寝，陪她睡一晚，以此作为治疗我的腿的条件。到达她的住所时，我离开了。我想，我不能因为治腿，就去和她睡觉，我无法想象这件事情。

最近，我没有遇到与梦境中类似的骚扰事件。做梦前一天，唯一触动我的事情就是，妹妹的空间里所写的“现在，我希望被人理解的需求已经降得很低了。被人理解了，就会依恋；依恋了，就会害怕失去”，我觉得有点伤感。

我们来看，这个梦确实是梦女有感而发做的，表达了梦女看了妹妹空间里所写的文字的感触。

梦境第一段讲的是，有一个爱哭闹的小孩，大家用不同的方式想让她安静，但都没有做到。然而，梦女却做到了，因为她很用心、很细心。小孩不仅不闹了，还非常依恋她。

这一段表达的是梦女与妹妹之间的情感关系。说明梦女作为姐姐，在妹妹的整个成长过程中，扮演着重要的角色。妹妹连父母的话都听不进去，唯独能听进去姐姐的话。并且，一路走来，妹妹都是在姐姐的引导下面对人生的。姐妹之间应该形成了非常密切的依恋关系。

梦境第二段讲的是，小表妹吃醋了，拿着大针筒来扎梦女。梦女因为要照顾小孩，无法分身，所以总是被她扎到。虽然很痛，但毕竟不是真扎，所以梦女觉得无关痛痒。“直到最后一针，她扎到了我的穴位，我的整条右腿的经脉都在抽搐，实在没有办法正常走路了”。

在这段梦境中，小表妹其实是现实中的妹妹。小表妹不断地用针扎梦女，表达的是，妹妹在成长过程中，由于年少不懂事，不知道多少次令梦女伤心了。梦女要照顾小孩，其实是要照顾妹妹，所以她无暇顾及这些伤害，只能自己默默承受，也觉得没有大碍。直到做梦前一天，梦女看到妹妹空间里的文字，觉得自己彻底受到了伤害，这在梦境中就体现为“扎到了我的穴位，我的整条右腿的经脉都在抽搐，实在没有办法正常走路了”。扎到了穴位，表明妹妹的话刺痛了梦女内心最敏感、脆弱的神经。一路走来，她对妹妹可谓是关怀备至、呵护有加。然而，这一切似乎并没有得到妹妹的理解，她反而说出这种没良心的话，让梦女的心透凉透凉的，就如同刺中了自己的穴位一样，使自己动弹不得。

梦境第三段最有意思，梦女去找医生治病，结果，找到的却是很厉害、很苛刻的小学老师。这位老师提出了一个交换条件，要梦女侍寝。此时，梦女似乎变成了一个男人。最终，梦女没有接受这个条件，觉得自己虽然需要治疗，但也犯不着用这么大的代价去交换呢。

这一段梦境又表达了什么意思呢？我们来看，梦女去找医生，但只能找经络医生，这表明她要理顺与妹妹的关系。然而，她找到的却是自己的小学老师，一个以严厉和苛刻著称的很有威望的老师。这又是什么意思呢？这表达的是梦女受到妹妹的伤害之后的愤懑之情，她潜意识中的想法是这样的：你真不知好歹，我应该从一开始就对你严厉要求，就像那个严厉苛刻的小学老师一样，让你怕我，最后还得感激我。我就是平时对你太仁慈，才会落得今天这样里外不是人的下场。

接下来，为什么会出现这种戏剧化的场面呢？第一，老师暗示梦女侍寝；第二，她突然变成了男儿身了。其实，这两件事情是一回事儿。这时候，老师的角色已经发生了变化，她已经不再是那个严厉苛刻的小学老师了，而是侍寝这件事情的道具。侍寝意味着什么？就是卖身，就是出卖自己，就是委曲求全，失去自我。因此，这里讲的是梦女对妹妹的看法：我再怎么对你好，你也不能得寸进尺啊。你总不能让我无路可退，出卖人格，来迎合你吧。是的，在这里，侍寝就是卖身，就是失去人格的意思。梦境为了配合这一象征意义，就顺势将梦女的女儿身变成男儿身。

最后，梦女并没有屈服于老师的淫威，这表明了梦女对妹妹的态度。她绝不会再迁就妹妹了。都被逼到这个份上了，还怕什么！即使有再大的障碍，她也要克服，不能再这样下去了。

这就是这个梦所要表达的意思。我们看到，性别的改变在这里并没有性的含义，而有一种失去身份和丧失人格的寓意。梦女觉得自己太过委曲求全了，最后连人格都丧失了，这是她不能接受的。

由此看来，梦女对妹妹的态度将会发生微妙的改变。虽然，爱的本质不会改变。

这个梦阐述了亲人之间的微妙关系。亲情是人生当中最重要的一种情感，我们对亲人似乎都是无条件的付出。然而，这并不能阻止我们在潜意识中发泄自己的怨恨——人心都是肉长的，我们需要承担责任，但也需要呵护。

4．老公与好友的暧昧：七年之痒

人人都知道七年之痒。夫妻结婚时间长了，感情没有当初那么浓厚了，怎么办？如何闯过这一关？是心生怀疑，从此猜忌，还是调整自己，提升自己，增进夫妻之间的感情？就如同汽车保养一样，趁机大修一次，使其旧貌换新颜？这不仅是在考验你的理性与勇气，还在考验你的智慧。

一位梦女找到我，向我倾诉，说她最近老是梦到老公有外遇，那个人还是自己的好朋友。她想知道这是不是事实。下面是我们之间的对话。

梦女

老师，您好。我最近老是做同一类型的梦，都快被那些梦搞成神经病了。我老是在梦中看到老公和我的好朋友在一起约会。这样的梦，我做过三个。

第一个梦，有一天，我老公给我打电话，说他要开车来接我。于是，我就在公司楼下等他，结果却看到车的副驾驶座上坐着我的好朋友。当时，我心里好乱，也非常生气，只好坐在后面的座位上了。我坐好后，老公竟然对我说：“对不起，我还是很爱你的，可是我也离不开你的好朋友。”而我的好朋友面无表情，一副很不在乎的样子，也不说话。我非常生气，然后就醒了。

第二个梦：我和我老公正在做爱。不知何时，我的好朋友出现在了床的另一边。她穿着非常性感的睡衣，一步一步地爬过来，睡在我老公的身边。我非常惊讶地说：“你怎么会在这里。”我好朋友就说：“这个男人不只是你一个人的。”然后，我就惊醒了。

第三个梦：在梦里，我老公总是躲着我。我在街上不停地寻找他，觉得自己好辛苦啊！

梦侦探

现实中，你为什么会怀疑你的好朋友呢？有什么迹象和证据吗？

梦女

在现实中，我问过老公，他说我是神经病。不过，我觉得他们真的有点问题，还厚着脸皮向我的好朋友说了我做的梦。结果，她竟然冷笑道："你要相信自己的老公。这样的问题，你应该去问你老公，而不是来问我。"

梦侦探

你跟你老公结婚多久了？你和你的朋友是什么时候认识的？

梦女

和老公结婚八年了，朋友结交了四年。

梦侦探

有小孩吗？

梦女

有过，不过因为不想要，所以就没有生。

梦侦探

夫妻感情怎么样？

梦女

就是觉得这两年我们的感情变淡了。他每天都觉得我很烦。其实，我只是关心他而已……因为他每天都很忙。

梦侦探

为什么你突然怀疑老公与好朋友有关系呢？

梦女

因为他们两年前就在一起工作了。有人发现他们有暧昧关系，就在今年年初。我听我的另一个朋友说，我老公常常打电话找她，每天有N个电话。

梦侦探

如果真有这么回事，你打算怎么办？

梦女

我现在不知道，就只会哭，然后哭着去问我老公。结果，我老公就向我保证，他们之间没什么。不过，我心里就是有根刺。

梦侦探

你觉得自己应该怎样留住或者说挽回老公的心？光靠怀疑，光靠哭，行吗？

梦女

我已经在努力了。可是，他们天天在一起工作，所以……

我这是日有所思，夜有所梦吗？

梦侦探

是的，你这是过分担忧了。你在上班吗？

梦女

在上班，我是做设计的，所以想象力比较丰富。这几个梦搞得我很辛苦，也或多或少地影响了我的工作。

梦侦探

猜测是没用的，而且梦境并不能证明他们确实有此事，只能说明你过分担忧了。你不能光是担心，要恢复正常状态，重拾你的自信，让老公觉得跟你在一起很开心。你要多跟他参加一些朋友圈里的活动。

梦女

嗯，谢谢，我会努力去做的……

梦侦探

好的，用自己的自信留住他。

梦女

嗯，我会的。

我们的谈话到此就结束了，问题解决了没有？没有。因为这个梦不能证明梦女的老公与她的朋友有暧昧关系（虽然从梦女描述的情况来看，这种可能性很大，但这只是梦女带有强烈的主观色彩的描述，所以不能采纳），只能说明这是梦女过分担忧了。

然而，无风不起浪，这种担忧一定是有原因的。梦女感觉到，最近两年，他们之间的感情变淡了。结婚八年了，又没有生孩子。最近，她又听到一些风言风语。因此，产生了猜疑，才做了这样的梦。

其实，问题的关键在于梦女自己。首先，梦女要有信心，不要一发现风吹草动，就把自己搞得像个怨妇一样，这样很容易适得其反。既然发现两人的感情变淡了，正好有外因促进，那么梦女应该及时修补夫妻感情，巩固夫妻关系，消除自己心中的猜忌。

5. 鬼节做的梦——工作与情感之“辣”

平静幸福的婚姻之中就没有波澜吗？不要太天真了，情感永远是起起伏伏的，只不过，你的理性在不断地压制和平衡这些波动，使你的生活处在稳定状态。情感的波澜对婚姻有害还是有利，这取决于你对待情感的态度。如果你能把它控制在理性范畴之内，那么这种波澜就对婚姻有利。因为它可以让你对两个人的情感关系认识得更加深刻，从而使你更加珍惜已经拥有的情感。但是，如果你过于情绪化，令其失控，那就是另外一回事了。

自从《探梦手记》与《性梦真相》出版后，很多人在看了之后会做很多怪异的梦。这到底是因为他们看了我的书，还是他们内心的投射？我们来看看下面这封来信。

梦侦探，自从看完您的《探梦手记》系列书之后，裸体的梦、鬼魂的梦、亲人去世的梦等，我全都做过了。不知道是不是因为看书受到了刺激？

也许正如您所言，我的深层潜意识被激发出来了，但是，我的记忆力还是不行，每个梦都只能记得片段而已。比如那个关于鬼魂的梦。我梦到我和我姐在汽车后座上玩。我们在化妆，打粉底，各自拿着小镜子照，挺开心的。好像没有人开车，但是车却在路上快速地跑着。突然，左边的后车门就开了，一个黑漆漆的家伙（我觉得那不是人，而是鬼）用手扒着车门，悬在空中，被车带着往前飘……我特别紧张，说它是梅超风，并且很勇敢地把它踢跑了。然后，我把车门关上，告诉我姐，我们要把车封闭起来。这时候，我姐已经在前面开车了。于是，我就用宽胶带把车里所有有缝隙的地方封起来，车门、天窗……封好了，我就想，这下鬼不会跑进来了吧。

然后，我就醒了。半梦半醒中，我还试图给自己解梦来着。

以上就是梦女的邮件内容。这到底是一个什么样的梦呢？在没有梦女的详细信息的情况下，我对这个梦做了初步分析。

这个梦应该源于梦女潜意识中的隐秘心理。我们看到，玩化妆、打粉底、照镜子，这是一种“女为悦己者容”的行为，说明梦女最近可能有过心动的时候。车子象征着婚姻，车在路上跑，梦女在后座玩，表明梦女的婚姻还是比较顺利的。在婚姻中，梦女的状态也是很惬意的，因为她可以坐在后面玩，不用太操心。

没有人开车，是什么意思呢？这应该是一种防御机制，因为梦女希望自己“为悦己者容”的时候，不要出现杀风景的场面。因此，在这个时候，这辆“婚姻之车”是没有人驾驶的，老公是“缺位”的。

可惜的是，这样的情况并没有持续多久，梦女马上意识到这种状况似乎存在着危险，在高速前进的“婚姻之车”不能没有驾驶员，这是梦女的意识对自己的提醒。在这种情况下，梦女意识到自己必须对付心魔。接着，车后门就打开了，有个魔鬼想要跑进来。

这个魔鬼就是梦女对自己的心魔的比拟，是梦女意识到自己似乎有刹那间的心灵驿动之后的醒悟。于是，梦女开始了一场内心抗争，她要把这个心魔赶跑，然后她就很勇敢地把它踢跑了；她要关上已经打开的心灵，然后她把车门关上了；她告诫自己，一定要这么做，所以她告诉她姐，她们要把车封闭起来。在这里，姐姐就是她自己，这是梦女在与自我对话。接下来，她姐已经在前面开车了，这是理性在提醒她，让她承担婚姻中的责任。

梦女对胡思乱想的恐惧是如此强烈，在意识到自己有这种想法之后，便加倍努力抵御自己的心魔，生怕它真的侵入自己的灵魂。因此，接下来，梦女采取了一系列的防御措施，以确保万无一失，“于是，我就用宽胶带把车里所有有缝隙的地方封起来，车门、天窗……封好了，我就想，这下鬼不会跑进来了吧”。

这就是我对这个梦的初步分析。然后，我将分析结果发给梦女，很快便收到了梦女的答复。

梦侦探，我觉得这个梦是关于职场的，不是感情的。具体地说，可能是由工作上的一件事情引起的。那天是周一，我负责的项目有一个重要节点，就是要去备案。本来不是大事，不用我管的，但是建设局很变态，要求特别严，需要所有设计人员的劳动合同、社保记录、三十个人的亲笔签名、职称证书等，条目非常繁杂。设计院弄了半个月了，如果周一再送不到建设局，我就没法跟总裁交代了，因为之前我当面答应总裁办这件事的。

周一一早，设计院的工作人员就去了。我那天什么事都没做，就惦记着这事，怕他们缺这缺那。谁知下午真的出了问题，一个建筑师的章子没有带去，意味着所有备案材料都不能送进窗口。我当时紧张啊，赶紧让设计院另派一辆车送去，又赶上大堵车……送去已经五点了，建设局五点半下班，我们最终在五点二十分左右的时候完成了这个工作。可以说是担心了一整天，在最后一刻才轻松下来。

当晚，我就做了这个梦。

我的理解是这样的：开始的玩耍化妆是心情很放松，因为原先我就没把这件事情当回事，图纸都没问题了，谁会想到备案程序能影响到报建进展，而且设计院大清早就过去送东西，之前检查了N遍，应该没问题了，所以我开始并不紧张。出现黑鬼，这意味着我突然收到消息，说一个建筑师的注册章忘带了。当时，我心里很紧张，但很果断地让设计院无论如何都得马上派车送去。下午，章子送过去了，这个问题解决了，黑鬼被踢跑了。

然后，我还是担心有什么遗漏的问题，毕竟建设局要的东西太多太细了，这个就反映在梦里我用胶带很仔细地封缝隙。最终，工作人员在建设局下班之前把材料送进了窗口，这就是我在梦里贴好胶带后，心想这下不会再有什么缝隙让鬼跑进来了吧。

我觉得整个梦的心理变化和我那一整天的心情完全吻合，应该是这么一回事。虽然，我那几天的确有一些小的心理波动，我也从感情方面分析过。不过，经过我的理性分析，这个梦跟感情没有关系。

不过，我最近还做了另外一个关于裸体的梦，我觉得它和感情有关。

那个梦的前面是什么样的，我忘记了，我只记得自己和一个很胖的女生在一起。她带我去一个房间洗澡，但是她穿着衣服，我却光着身子。而且，这个房间不是浴室，而是有家具的房间。我好像在准备洗浴用具什么的。这时，房间的门开了，进来一个男人。他桌子上拿完东西就走了，没有看我，也没有觉得奇怪。那个胖女生也没觉得有什么不妥。只有我觉得，"天啊，我没穿衣服，怎么会有男人进来，而且他拿完就走了，竟然没有看我一眼，大家都没有什么特别的反应……"

这就是整个梦境。

我觉得这个梦与感情问题有关系。前一阵子，我的两个同学来深圳了，其中一个就是我中学时的暗恋对象。毕业二十年了，他没有太大的变化，又在深圳见到他，我很高兴。而且，我觉得这个男生依然能够令我动心。其实，我并不是因为他这个人而动心，更多的是因为自己对曾经的那种爱恋感觉依然放不下……插一句，我觉得很多时候不是因为对方这个人如何，而是自己的感觉会引导感情的方向，使自己沉溺于对这种感情的想象之中……

他们待了半个月。在这段时间里，我女儿不在身边，老公出差在外。我的生活和心情都很简单，除了上班和晚上回家睡觉，其他时间大多都和他们泡在一起。十天有八天都在一起喝酒、吃饭、聊天，但都是群体活动。另外，还有几个同班同学，大家聚在一起，我们这一帮同学的感情一直都很好，大家都很熟。

这期间，我和他没有单独相处过，即使这样，我也很清楚，因为有他在，所以我才愿意有事没事就去找他们……我喜欢在热热闹闹的掩饰下，有一个人，让我在心里一直默默关注着他。我会偷偷地瞄他，非常留心他说的话……似乎20年前，我和他的这种感觉就是这样，而今天依然能够延续，我很开心……

我认为，我就是在这样的心态下做了这个梦。所有这一切，都是我心里的想象，大家都把那个房间当成房间，只有我把它当成浴室，在做很私密的事情。突然闯进来的男人，使我十分紧张，但是他并没有看我。他怎么想，我不知道，没有人点破，我只是猜测："他会怎么想呢？他会不会有同样的心思？他没有看我，也许是我心里期望他能有一点点的表示，表明他也会动心。"

我自己解这个梦，就是觉得有这样一种心思在里面。至于梦里的胖女生，可能暗指深圳来的另一个同学吧。那个人其实是个男生，性格非常外向。我们似乎很聊得来，大家好像还拿我们开了很多玩笑，但我没把他放在心里，所以在梦里用一个很胖的女生来代替他。

这就是我最近一段时间做的两个梦。对前面那个梦，我再补充一点，就是我为什么会梦到鬼魂。是因为前一天是阴历七月十五日，同学们一起吃饭，故意说了很多关于鬼节的故事来吓我。晚上，我自己一个人在家，就很害怕……我想，可能就是这个原因引起的。

这就是梦女给我的答复。

我们看到，在这个答复里，梦女又讲了一个关于裸体的梦，而且很完美地把这个梦给解出来了。这可能源于梦女看完我的书之后的领悟，说明梦女是一个领悟能力很强的女孩。

她对这个关于裸体的梦的解析，我认为基本上是正确的，这与她的情感波动是一致的。但是，对于第一个关于鬼魂的梦，我在不知道她最近的情感变化的情况下，觉得这是一个与情感波动有关的梦，而梦女却认为这是一个与工作波折有关的梦，到底哪个是真相呢？真的很难说清楚。从当事人优先原则来看，它可能真的与工作相关；从梦女做梦当天的经历和梦境本身来看，也不能排除情感波动这一因素。当然，梦女最后的补充也很重要。前一天是鬼节，大家一起讲鬼故事，对梦女的心灵产生了影响，使她在晚上做了一个关于鬼魂的梦。这样的话，梦中的情节就没有任何意义，而是为了烘托鬼故事本身，因为我们平时所看的鬼故事都与照镜子、化妆有关。

梦就是这样，我们很难看清楚它的真相，有时候扑朔迷离。但是，这并不是说梦境没有真相，或者说，我们可以随意对梦进行解释，这种理解是不对的。梦境很难有确定的真相，但它是有逻辑关系的，所有的解释必须吻合梦境的逻辑关系，而且还应该引起做梦者的共鸣。

因此，对于这个关于鬼魂的梦，我们只能说，鬼节的联想、情感波动或者工作波折，都有可能是引发这个梦的渊源，但是到底哪个是真正的原因，那就无从知晓了。其实，连梦女自己都不知道，只有她的潜意识才知道。

有趣的是，解完这个梦大概一周之后，梦女给我发来了短信，内容如下：

梦侦探，关于鬼魂这个梦，我还是相信你说的，是关于情感方面的。我没想到自己的潜意识会这么谨慎，对婚姻如此紧张——其实，这只是心理上的一点小波动而已，我并没有想到它与婚姻有任何关系，可是潜意识已经在戒备了……

咸

所谓咸，就是重口味，不仅口味重，而且分量也重。我将重点而又复杂的梦境放在这一节中，是想把这些内容留给那些对梦和潜意识真正感兴趣的童鞋，因为只有想看完全书的人，才能看到这一节；也只有真正感兴趣的人，才会喜欢这种深入解析。不过，这一节的内容确实有点“咸”——不是情色，就是涉及很复杂的潜意识情感。我把重口味的内容留在最后，是为了让读者在看完全书之后，还会意犹未尽……

1. 世界末日的核泄漏——婚外恋困局

当你遇到一段婚外恋时，有没有想过结局会是怎样？大部分婚外恋的结局似乎都不怎么理想，为什么？是因为双方的期望值太高，还是因为彼此的伤害，抑或是因为经济利益的纠葛，以及所谓的青春补偿费问题？其实，如同家家有本难念的经一样，每一段情都有难言之苦。当这段情结束时，双方最应该做的是互相祝福，为了自己曾经爱过的人祝福。

下面是一位已婚梦女的梦：

我梦见世界末日快到了，我们家属院有个人为了报复社会，开启了核辐射。虽然早就听说过有这样的事情，但大家都没有提前防范。我看到那个人掏出一枚带链子的钥匙，向草坪走去，我就知道他准备开启核辐射。

我快步走回家，希望能避免一些辐射污染。我妈没有回家。我关好门窗，拉上窗帘，等她回来。她敲门，我没听见。过了一会儿，我才去开门。她责怪我说是想看着她死。我急忙把她拉进门。听说用水能冲掉一些污染，我们就用水冲洗自己。

场景又换成了一辆公交车。天气阴沉。大家想出去看看有没有逃生的机会。我猜想《2012》是真的，乔布斯没有死，只是上船了。我身边的富人也不见了，都上船了。有人不信。我就反驳说为什么那么多的国家首脑会辞职。还有，老乔死得非常蹊跷。公交车不断前进，外面的世界发生了变化。似乎到了夜晚，奇怪的动物正在追赶我们的车。一开始，他们还是一个一个的小球，慢慢变成了好多人。我意识到这些动物是外星人进化来的。我们的车是公交车，外星人要上来，对付他们的办法是，开门后，用砖把他们的头敲破，只要他们脑袋里的汁液流出来，我们就成功了。但是，他们快死的时候会反抗，所以我们需要先敲昏他们，再用牙签挑破他们的头皮。我意识到这种动物像水蛭，害怕盐。我的这种想法得到了大多人的认可。车上的外星人被瓜子吸引住了，如果他们还不撤退，我们就用砖拍。就这样，我一直开着车走，杀外星人。

这就是整个梦境。下面，我讲讲最近发生的一些事情。

以前，我很用心地爱着一个人。现在，我不再爱他了。一方面是感情透支；另一方面，我发现他有很多红颜知己，而我只是其中一个。虽然以前我也知道，但事实摆在面前，心里还是很不舒服。一方面，我觉得自己用心爱过的那个男人再也回不来了，有些可惜；另一方面，我觉得自己很傻，被利用了。

之前，那个人曾经问我借过钱，我二话没说就借给他了。现在，要分手了，我想把钱要回来，但却不好意思开口。我曾经用老公的手机给他发了短信，向他要钱。那个人回短信了，并且发到了我的手机上，说如果我直接跟他说，他不会觉得那么恶心。我没有回短信，假装没看见，可还是觉得自己以前的信仰全部崩塌了。

每次，我和不同的对象闹崩了，就会做世界末日的梦。今年大概做了三四次这种类型的梦了。经历这一事件之后，我决定不再迷恋原先喜欢的人了，而要控制自己，不能再被别人愚弄、欺骗了。我要和老公要个孩子，填补空白，完善人生。

对于梦境中的情节，我是这样理解的：

有人放出核辐射，即使预警了，但也没人重视，灾难就发生了，人们这才开始补救。我对这件事情的反思是，事先应该做好计划和准备。

核污染表明一种不安全的环境。躲都躲不掉的污染，表明我过去付出的爱、说过的话、做过的事，都难以收回。公共汽车代表了我的内心，我的内心是一个活动的城堡，车门紧闭，就算有人闯入，也可以消灭他。这说明我开始有选择地保护自己，我成熟了，可以控制自己的内心了。

梦境中的外星人，我觉得代表我以前爱过的人。消灭外星人，表明我在克服困难。我想把握自我，不想再被别人的花言巧语所欺骗和愚弄。并且，我还想把自己的钱要回来，把损失降到最低。这是自我提升的表现。

梦境中的牙签代表处理的方法。我觉得可以用简单的方法静静处理掉那些异类，比如谎言欺骗，或者圆滑的话语，不会引起他人的反感。总之，我要说善意的慌言，不再直接说真话，让聪明人自己去领悟吧，彼此也不伤面子。这说明我开始运用较高级的人际交往方法了。

梦境中，我要回家，表明我认为躲到家里才有安全感，老公才是最爱我的人。我身边就有合理合法，而且唯一爱我的人，我不该舍近求远。我意识到自己以前的做法太傻了。

夜里开车，表明我要消除未知的困难。我无法预计以前所爱的人会以什么方式来扰乱我的意志，不过我不会投降的。一点一点的，我总能把外星人消灭掉，也能处理掉不该存在的事情。

我带着一车人往前走。我打算等外星人上车后，把他们悄悄地干掉。这表明我打算不惊动以前喜欢过的人，慢慢疏远他。毕竟彼此喜欢过，我不想当面说难听的话，就这样淡忘、分离。面对曾经的欺骗和谎言，我不想深究，就这样过去吧，重新掌控自我。

以上就是梦女提供的信息。我们看到，这个梦的渊源其实就是一场情感风波。为什么这个梦与情感风波有关呢？其实，梦女自己已经给出了答案："每次，我和不同的对象闹崩了，就会做世界末日的梦。今年大概做了三四次这种类型的梦了。"一方面，说明梦女是一个情感经历丰富的女孩；

另一方面，说明梦女是一个十分单纯的女孩。她在情感上容易投入，也容易受伤。对于梦女来说，每次受伤都是一次“爱情信仰的大崩溃”。看来，这次的情况比较严重，不仅涉及核污染，还涉及与外星人的战斗。现实中，这次的情感涉及金钱问题。其实，一旦涉及金钱，最容易看清楚人的本性。而梦女正是通过这件事情，彻底看清楚了自己曾经爱过的那个人，所以才会做出这个世界末日的梦境。

下面，我们来分析梦境。

【梦境第一段】

我梦见世界末日快到了，我们家属院有个人为了报复社会，开启了核辐射。虽然早就听说过有这样的事情，但大家都没有提前防范。我看到那个人掏出一枚带链子的钥匙，向草坪走去，我就知道他准备开启核辐射。

这一段梦境表达了事情发生的缘由。“家属院”表示那个人与梦女有关系，他不是一个陌生人，而是梦女的情人。“为了报复社会”其实就是为了报复自己。“开启了核辐射”其实就是准备做出伤害自己的事情。“虽然早就听说过有这样的事情”，表示梦女以前也想到过，会有这样的事情发生，但是由于大意了，或者自己深陷这一段感情之中，无法自拔，所以并没有做出任何防范。“我看到那个人掏出一枚带链子的钥匙，向草坪走去，我就知道他准备开启核辐射”，这一段表达的是，梦女收到情人无情的短信之后，预感到事情变得严重了，情人可能会做出一些伤害自己家庭的事情来。核辐射象征着一种严重的伤害。

【梦境第二段】

我快步走回家，希望能避免一些辐射污染。我妈没有回家。我关好门窗，拉上窗帘，等她回来。她敲门，我没听见。过了一会儿，我才去开门。

她怪我是想看着她死。我急忙把她拉进门。听说用水能冲掉一些污染，我们就用水冲洗自己。

“我快步走回家，希望能避免一些辐射污染”，这是说梦女预感到这种情况之后，赶紧采取预防措施，希望减少对自己家庭的伤害。“我妈没有回家。我关好门窗，拉上窗帘，等她回来”，是说梦女还没有来得及跟老公商量，就擅自采取了行动。梦女想要回曾经借给情人的钱，便用老公的手机偷偷给情人发短信，希望他能还钱。在这里，妈妈指代老公，是保护自己的人。“她敲门，我没听见。过了一会儿，我才去开门。她责怪我说是想看着她死”，表达了老公对梦女的责备，因为梦女没有和他商量，就擅自做了一些事情，可能会导致一些不利的事情发生。在这种情况下，梦女赶紧给老公打预防针，让他相信自己，并与老公建立攻守同盟，一致对外，保护家园——“我急忙把她拉进门。听说用水能冲掉一些污染，我们就用水冲洗自己”。

【梦境第三段】

场景又换成了一辆公交车。天气阴沉。大家想出去看看有没有逃生的机会。我猜想《2012》是真的，乔布斯没有死，只是上船了。我身边的富人也不见了，都上船了。有人不信。我就反驳说为什么那么多的国家首脑会辞职。还有，老乔死得非常蹊跷。公交车不断前进，外面的世界发生了变化。似乎到了夜晚，奇怪的动物正在追赶我们的车。一开始，他们还是一个一个的小球，慢慢变成了好多人。我意识到这些动物是外星人进化来的。我们的车是公交车，外星人要上来，对付他们的办法是，开门后，用砖把他们的头敲破，只要他们脑袋里的汁液流出来，我们就成功了。但是，他们快死的时候会反抗，所以我们需要先敲昏他们，再用牙签挑破他们的头皮。我意识到这种动物像水蛭，害怕盐。我的这种想法得到了大多人的认可。

车上的外星人被瓜子吸引住了，如果他们还不撤退，我们就用砖拍。就这样，我一直开着车走，杀外星人。

“场景又换成了一辆公交车”，表明大家都在同一条船上，希望能够找到解决问题的办法。“大家想出去看看有没有逃生的机会”，其实就是大家在找办法，看如何能解决这一事件。

接下来，“我猜想《2012》是真的，乔布斯没有死，只是上船了。我身边的富人也不见了，都上船了。有人不信。我就反驳说为什么那么多的国家首脑会辞职。还有，老乔死得非常蹊跷”，这一段是梦境的自由联想。既然已经梦到了世界末日，那么梦女潜意识中的那些关于世界末日的念头就会跑出来，在梦境中继续演绎，并把最近的热门事件——乔布斯的去世联系起来。这与梦境所要表达的意思没有直接关系。

“公交车不断前进，外面的世界发生了变化。似乎到了夜晚，奇怪的动物正在追赶我们的车。一开始，他们还是一个一个的小球，慢慢变成了好多人”，这一段才与梦境的主旨有关，表达了梦女接到情人的短信之后的压力，因为情人并没有还钱之意，反而指责梦女。这也表明了梦女与情人之间的矛盾非常大，已经达到了短兵相接的程度。

“我意识到这些动物是外星人进化来的。我们的车是公交车，外星人要上来，对付他们的办法是，开门后，用砖把他们的头敲破，只要他们脑袋里的汁液流出来，我们就成功了”，这是梦女在设想情人对付自己的各种办法。“我们的车是公交车”是说这是家庭重地，不容他人侵犯。“外星人要上来，对付他们的办法是，开门后，用砖把他们的头敲破，只要他们脑袋里的汁液流出来，我们就成功了”，这表明了梦女在面对危机时的决心，她要保护自己的家庭，并解决问题。“只要他们脑袋里的汁液流出来，我们就成功了”，有金钱的寓意，因为梦女需要情人还钱。

“但是，他们快死的时候会反抗，所以我们需要先敲昏他们，再用牙签挑破他们的头皮”，这表达的是梦女对情人可能会干出来的各种事情的预测，觉得他可能会狗急跳墙。为此，她提出了解决策略，那就是不要过于激烈对立，也不能一砖头拍死，而“需要先敲昏他们，再用牙签挑破他们的头皮”。

“我意识到这种动物像水蛭，害怕盐”，这是梦女对情人的性格特点的分析。“我的想法得到了大多数人的认可”，表明了梦女的想法得到了老公的认同，或者说她觉得自己的分析是正确的。在对情人的性格特征有了基本了解的前提下，梦女提出的解决方案是“胡萝卜加大棒”。“车上的外星人被瓜子吸引住了”是说先给情人尝点甜头。“如果他们还不撤退，我们就用砖拍”是说如果情人不愿意就范的话，就采取第二方案，毕竟欠债还钱是天经地义的事情。

整个梦境就是在梦女的这种情绪下进行的，所以就会有“就这样，我一直开着车走，杀外星人”的梦境一直延续下去。

这就是整个梦境所要反映的主题。

我们看到，这位梦女因为涉足婚外恋，受到了伤害，最后她的整个信仰体系都崩溃了，做出了这个关于世界末日的梦境。不仅如此，这次的婚外恋事件还有后遗症，因为涉及钱财问题，所以梦女内心非常矛盾。

从整个事件来看，梦女是非常不成熟、不理智的，但是这真的是梦女的错吗？我们看到，梦女婚后经常涉足婚外恋，这表明她严重缺乏安全感，并渴求一段新情感。这可能与梦女的童年经历有关，也许与缺乏父爱有关。

因此，我们不能一味地指责梦女的这种行为。我相信，通过这个事件，梦女已经开始觉醒，并且会慢慢成熟起来，因为梦女自己也提到了，她准备跟老公生个孩子，安定下来。

2. 婚外孕困局之梦见江南春的孩子

人一生的感情哪会那么顺利，谁没有过行差踏错呢？特别是在个性张扬的青春期。如果你深陷一段婚外恋，难以自拔，你可能会想，自己现在追求的是一种情感的慰藉，也许随着时间的推移，你会慢慢从这一段感情中脱离出来。然而，造化弄人，正当你觉得一切都很好的时候，却意外怀孕了，这无疑是将你们的关系推向了风口浪尖。

这时候，你面临很多选择：一、借此逼对方离婚，顺利"转正"；二、如果对方不答应，一意孤行生下孩子，独自抚养，算是借种生子；三、尊重对方的意见，如果条件不成熟或者没有未来，下定决心打掉孩子，以免使自己的人生一团混乱。你会怎么做？在这种时候，你考虑更多的是心中的怨恨，利益的得失，还是良心的安宁？

江南春是谁，相信很多读者都知道。但是，为什么江南春会进入一位梦女的梦境，而且在梦境中，梦女还怀了他的孩子呢？我们来看这个梦境。

整个梦，我已经记不清楚了，只知道自己醒来后，有些茫然，发现自己竟然在抽泣。我摸摸脸，原来真的有泪水……

【梦境一】

我穿着奇怪的服装（有金属丝支撑着，但并没有紧紧地包裹着身体，裸体若隐若现），似乎刚和一个组织谈完交易……我似乎还是一个旁观者。突然，我带着手下开始造反（相当于帮派争斗，但对方略显正义）。一个大型机器一边起飞，一边卷起对方的珠宝。我站在吸卷工具的上方，看到地上一片混乱。"满足吧……"有个声音告诉我，"你会遭到背叛的，这个工具会失去动力，所有的一切将会掉下去的……”徒劳，是吗？我不在乎……

【梦境二】

这时，梦境转为帮派间的老大们起了争执，我只是一个旁观者。屠杀开始，一个人杀掉了对他不利的人。我前面的人也被杀了，我不知道他是不是我的主人。我只是看着，并在他倒下去的时候，上前扶住他。杀人的工具不过是一些刀叉，未免有点小儿科……刺得并不深，或者说并没有刺入身体，这不符合我的预想。虽然我与他无仇无怨，但是他应该会死的，按照我的设想，刀叉插入身体之后，必定会死……虽然金属插入他的身体时，我似乎也感觉到了金属与肉的摩擦，有点恶心，但他还是要死……

【梦境三】

接着，梦境又转为我是一个男仆，在逃亡的飞机上伺候着我的主人，还有他的兄弟和情人。飞机上有一大堆钱（似乎是第一段梦里我抢回来的钱。但是，在第一段梦里，我是女人，而且抢的是珠宝，不是钱）。只有三个降落伞，我问主人的兄弟（他是一个奸诈残忍、唯利是图的人）降落伞要如何分配。如果不带上钱，就足够他们三人逃亡。他坚定地告诉我，钱是一定要带上的，但可以丢下一个人。“这么多的钱，难道非得占用一个降落伞，它能按照你们想要的路线飞行吗？”我只是独自这样想着，并没有说出来。我只是担心我的主人（也许是担心我不能陪在他身边吧），一旦到了陆地之后，他就会被那女人陷害，他的一切都会被夺走。他的兄弟也不是什么好人（此时，又多了一把降落伞，刚好够他们三个人和那一大堆钱用，我自然是不会被考虑在内的。对此，我并没有多想，我只是很担心我的主人）……我和主人说话，他自始至终都一言不发。我对他述说往事，还回忆起他以前超爱的宠物。说着，它就真的出现了，个子小小的，耳朵长长的，高兴时便会竖起来，既可爱又惹人怜爱。它是多么爱它的主人啊。它对他说："主人啊，让我为您唱首歌吧，这是我一直以来的心愿……"听着听着，我就哭了……

就这样，我抽泣着醒来了。后来，我又迷迷糊糊地睡着了，进入了另一个梦境。

【梦境四】

这个梦境是海啸，非常恐怖，我们拼命往高处爬，希望不被海啸吞噬，可有的人还是被卷进了海里。终于，我爬过顶端，到了背离海啸的一面，暂时安全了，可依然能听到那恐怖的声音。我担心我的父母，不知道他们现在在哪里。我躲进一个小屋里，里面有几个人，还有一个刚出生的婴儿。大家都在议论这个长得像怪物一样的孩子。可奇怪的是，这个孩子出生没多久就开口说话了，并且还知道美国次贷危机、黄金期货等。众人很诧异，问这是谁的孩子。孩子的妈妈说是江南春的。过了很久，我感觉地面开始漂移，速度很快。我很害怕，怕两块漂移的地面会撞在一起。这时，我又开始担心起我的父母，我还没有机会孝敬他们呢……

这就是梦女所做的梦。而且这一晚的梦很复杂，由四段梦境组成。

从表面上看，除了感觉到整个梦境中有非常矛盾的心情之外，很难找出其他线索。如果没有与梦女进行深入沟通，很难解出这个梦。因此，我与梦女展开了一场拉锯式的对话。

刚开始，出于隐私原因，这位梦女是有所保留的。深入沟通后，很多梦境依然无法得到解释，这迫使梦女提供了更多更详细的信息。当然，有些是非常隐私的。不过，只有这样，才能把这个梦境的真实内涵全部解析出来。

下面，我把整个咨询过程和解梦过程结合起来讲。

刚开始，这位梦女告诉我，最近由于避孕措施失败，她怀孕了。她突然有一种强烈的想把这个孩子生下来的冲动。但是，条件不允许，男友坚决反对她生这个小孩。所以，在要不要小孩这件事情上，两人之间产生了严重的冲突。

梦女说要。男友说不要。梦女说这是一个生命，去做流产，是没有人性的，是在扼杀生命。男友说没有意识就没有生命，在意识没有形成之前，不能说有生命。但是，梦女已经下定决心，不管怎样，一定要把孩子生下来。男友却威胁她说，如果没有一个良好的养育环境，把孩子生下来，就是一种更不人道的行为。况且，没有经过其中一方的同意就这样做，似乎很不地道。

梦女认为男友作为男人，既然这样做了，就应该为自己的行为负责。男友却认为，做爱这件事是一个巴掌拍不响的，并不是男人一定是主动的，而女人一定是被动的。其实，两个人的想法是一样的，所以女人也逃脱不了责任。

梦女就说，是啊，所以她要承担责任，把这个孩子生下来。男友却说，生孩子不一定就是承担责任，不生孩子也不一定是不承担责任。所谓的承担责任，就是对两个人男欢女爱之后所产生的可能后果负责。也就是说，一旦避孕失败了怎么办？有两种结果：一种是，如果经济条件和其他条件允许，而且两个人的爱情确实到了瓜熟蒂落的地步，决定在一起厮守一辈子了，才可以把小孩生下来，组建家庭。另一种是，如果条件不允许，不能因为怀孕而结婚，或者说，两个人并没有发展到要相爱一生、厮守一世的地步，这时，就需要去做流产，这是对自己负责，也是对还没有出生的小孩负责。

梦女虽然觉得男友说的也有道理，但是心里还是不服，就反驳他，说他是男人，说得轻松，受罪的是她，而不是他。说到这一点，男友就有些心虚了，但他仍然反驳道，他也没有办法啊，这要怪上帝，因为只有女人才能生孩子，这只是生物的分工不同而已。所以，在不适当的时候去流产，就如同在合适的时候生小孩一样，都是女人必须承担的责任。

梦女觉得，从道理上来说，男友说得也没错。而且，男友其实是一个很有爱心的男人，因为他对梦女说，她要选择对身体伤害最小的方法去做流产。听说现在科技很发达，有一种无痛人流术，在对身体伤害最小的情况下做完人流手术，病人几乎感觉不到痛苦。只要对她的身体伤害小，钱都是次要的。

最后，梦女决定放弃自己的想法，接受男友的意见。但是，问题又来了。人流？这是梦女第一次怀孕，她没有做过人流，所以对这件事情很恐惧。再加上以前也听大人们说过，这对女人来说，似乎是一件很恐怖的事情。好在现在的互联网比较发达，梦女决定在网上搜索一些关于这方面的信息。

不上不知道，一上吓一跳。互联网上充斥着大量的关于这方面的信息，有的说得很可怕，把所有可能的意外情况都列了出来，这基本上就是一个很危险的手术。其实，现代医学如此发达，这只是一个非常安全的小手术。但是，梦女在网上搜索到的信息令她很不安，以前听大人们说这件事情的时候，得到的都是负面信息，再加上自己是第一次面对这件事情，这给梦女带来了巨大的压力和恐惧感。而此时，男朋友又被公司外派到其他城市，不能时时陪在她身边。因此，梦女每天心神不定。做手术的前几天，她甚至有一种快要虚脱的感觉。

以上就是我对梦女的咨询过程。得到这些背景资料之后，我们就可以分析这个梦了。不过，在接下来的分析过程，我还是发现了很多难以解释的地方，需要更多的信息作参考。

下面，我们根据已有的信息来分析梦境中的几个片段。因为梦境一和梦境三中有很多难以解释的现象，所以我们先来看梦境二和梦境四。

【梦境二】

这时，梦境转为帮派间的老大们起了争执，我只是一个旁观者。屠杀开始，一个人杀掉了对他不利的人。我前面的人也被杀了，我不知道他是不是我的主人。我只是看着，并在他倒下去的时候，上前扶住他。杀人的工具不过是一些刀叉，未免有点小儿科……刺得并不深，或者说并没有刺入身体，这不符合我的预想。虽然我与他无仇无怨，但是他应该会死的，按照我的设想，刀叉插入身体之后，必定会死……虽然金属插入他的身体时，我似乎也感觉到了金属与肉的摩擦，有点恶心，但他还是要死……

这一段表达了梦女在与男友争论是否要小孩的问题时，对男友的憎恨心理。在那种情形下，梦女在潜意识中认为男友是一个没有人性的恶魔，因为他要扼杀一个生命——“一个人杀掉了对他不利的人”，男友认为这个小孩的存在对他是不利的，所以要扼杀他。因此，梦女在潜意识中对男友非常憎恨。“虽然我与他无仇无怨，但是他应该会死的，按照我的设想，刀叉插入身体之后，必定会死……虽然金属插入他的身体时，我似乎也感觉到了金属与肉的摩擦，有点恶心，但他还是要死……”虽然梦境中的“他”不是梦女的男友，但是这一段很明显是针对她男友的。至于“杀人的工具不过是一些刀叉，未免有点小儿科”，则是梦女对人流手术的联想。

【梦境四】

这个梦境是海啸，非常恐怖，我们拼命往高处爬，希望不被海啸吞噬，可有的人还是被卷进了海里。终于，我爬过顶端，到了背离海啸的一面，暂时安全了，可依然能听到那恐怖的声音。我担心我的父母，不知道他们现在在哪里。我躲进一个小屋里，里面有几个人，还有一个刚出生的婴儿。大家都在议论这个长得像怪物一样的孩子。可奇怪的是，这个孩子出生没多久就开口说话了，并且还知道美国次贷危机、黄金期货等。众人很诧异，问这是谁的孩子。孩子的妈妈说是江南春的。过了很久，我感觉地面开始漂移，速度很快。我很害怕，怕两块漂移的地面会撞在一起。这时，我又开始担心起我的父母，我还没有机会孝敬他们呢……

海啸源于最近世界各地的海啸灾难，不过在梦境中，它所表达的意思就是流产这件事情对梦女的影响。梦女觉得流产这件事情如同海啸一样可怕，让她无法承受。她要逃离这个苦海，但似乎怎么也逃不掉，因为她“爬过顶端，到了背离海啸的一面，暂时安全了，可依然还能听到那恐怖的声音”。为什么她会想到父母呢？这也是人流所产生的联想，人在脆弱的时候，自然会想到父母。同时，人流与生小孩是联系在一起的，梦女觉得自己也是父母生下来的，所以自然就会想到父母。而且，人流让梦女自怜，她可能在想，如果父母当时也做了人流，就没有自己了。

接下来，一个长得像怪物一样的孩子出生没多久就能说话，而且谈的都是世界经济。众人问这是谁的孩子，他妈妈说是江南春的，这一部分也挺有意思的。有些我能做出很好的解释，但有些却很难解释，需要进一步与梦女沟通。

首先，我们来看可以解释的部分。小孩怎么会跟江南春扯上关系呢？莫非是江南春的私生子？其实不然，这与梦女所从事的职业有关。梦女从事的是广告行业，而江南春是广告行业中的才子，也是这一行业中的话题人物，因此孩子是江南春的，只是一种自由联想，没有别的意思。但是，也不能排除这个可能——梦女之所以对这个小孩寄予很大的希望，可能是因为她的男友也是一个很优秀的人才，所以她在潜意识中认为，如果有男友的基因，这个小孩一定会很优秀。至于后面所谈到的次贷危机、黄金期货等，与梦女平时接触的信息有关，没有什么特别含义。不过，这些可以用来衬托这个小孩的优秀，或者说暗指这个小孩的基因很优秀。

其次，我们来看很难解释的地方。既然这个小孩这么优秀，为什么长得像怪物一样呢？那不是一个怪胎吗？为什么要在梦境中丑化这个小孩呢？这只能说明梦女在面对小孩这件事情时，心里很矛盾。这是一种怎样的矛盾心理呢？为什么既肯定又否定呢？为什么是怪胎呢？

在没有得到更多的信息之前，我很难解释这一点。另外，还有两段梦境也很难解释。因此，我与梦女进行了更为深入细致的交流。

最终，梦女打破防线，把所有情况都说了出来。

原来，梦女爱上的是有妇之夫，他是一个非常优秀的成功人士。这就不难解释上面那一段梦境，暗示了小孩的基因是很优秀的，同时也暗示了小孩的出身，而江南春又是梦女那个行业中非常优秀的人才，所以才会出现这个小孩是江南春的梦境。

这个秘密一旦揭开，接下来的几个片段就迎刃而解了。

【梦境一】

我穿着奇怪的服装（有金属丝支撑着，但并没有紧紧地包裹着身体，裸体若隐若现），似乎刚和一个组织谈完交易……我似乎还是一个旁观者。突然，我带着手下开始造反（相当于帮派争斗，但对方略显正义）。一个大型机器一边起飞，一边卷起对方的珠宝。我站在吸卷工具的上方，看到地上一片混乱。“满足吧……”有个声音告诉我，“你会遭到背叛的，这个工具会失去动力，所有的一切将会掉下去的……”徒劳，是吗？我不在乎……

关于服装的描述，如“金属丝”、“裸体”、“奇怪的服装”等，与怀孕和人流有一定的关联。与组织谈完交易，其实是梦女在与男友谈判。组织象征着强大，因为男友是很优秀的成功人士，所以在梦女看来，他是很强大的。刚谈完交易，就突然造反，表达了梦女在对待人流这件事情时的矛盾心理。

下面这一段有点费解，我的解释，梦女一定不会同意的，但是我觉得这应该是梦女内心深处闪过的念头。

这一段应该表达的是梦女面对怀孕与流产这件事情时的内心矛盾，以及她与男友的博弈。一方面，梦女希望自己生下这个孩子。万一要做人流，她希望能够获得更多的经济补偿，所以梦境中才会出现“一个大型机器一边起飞，一边卷起对方的珠宝”这样的情节。另一方面，梦女又觉得这样的想法很不地道，好像自己是势利小人一样。因此，梦境中有一个声音在质问梦女。其实，那是梦女在质问自己：“你以为得到钱就能满足了吗？你这个势利小人，你会遭到背叛的，你会受到良心谴责的，你会失去更多东西的。如果你只是一个唯利是图的小人，用钱来交换自己的一切，迟早你会坠入万丈深渊！”在梦境中，梦女对这个谴责的声音并不在乎。其实，这正是她在乎的表现。她在遭受良心的谴责——她不应该在这件事情上掺杂金钱因素。

我觉得这个解释梦女一定不会认同的，因为她一定会认为自己不是这种势利小人，甚至觉得这种解释是对自己人格的侮辱。不过，我要说的是，我比较相信自己的分析，因为在下面的梦境中，我们还可以看到这种痕迹。我相信，这个念头一定在梦女的脑海中闪现过，也一定马上被她的理性给压制了，所以她几乎没有察觉到自己有过这样的想法。

当然，我并不是说，梦女的这种想法不好或者不对。其实，比这更恶毒的想法多得是，比如在梦境二中，梦女希望杀死那个人。但是，人的理性是强大的，它可以压制人性之恶，将这种破坏力量彻底消灭掉，从而使人更加善良、文明。

这就是解梦的魅力所在。通过解梦，我们可以探究梦主潜意识中的真实想法，对人性有更加深刻的认识，也可以更清楚地认识自己。

【梦境三】

接着，梦境又转为我是一个男仆，在逃亡的飞机上伺候着我的主人，还有他的兄弟和情人。飞机上有一大堆钱（似乎是第一段梦里我抢回来的钱。但是，在第一段梦里，我是女人，而且抢的是珠宝，不是钱）。只有三个降落伞，我问主人的兄弟（他是一个奸诈残忍、唯利是图的人）降落伞要如何分配。如果不带上钱，就足够他们三人逃亡。他坚定地告诉我，钱是一定要带上的，但可以丢下一个人。“这么多的钱，难道非得占用一个降落伞，它能按照你们想要的路线飞行吗？”我只是独自这样想着，并没有说出来。我只是担心我的主人（也许是担心我不能陪在他身边吧），一旦到了陆地之后，他就会被那女人陷害，他的一切都会被夺走。他的兄弟也不是什么好人（此时，又多了一把降落伞，刚好够他们三个人和那一大堆钱用，我自然是不会被考虑在内的。对此，我并没有多想，我只是很担心我的主人）……我和主人说话，他自始至终都一言不发。我对他述说往事，还回忆起他以前超爱的宠物。说着，它就真的出现了，个子小小的，耳朵长长的，高兴时便会竖起来，既可爱又惹人怜爱。它是多么爱它的主人啊。它对他说：“主啊，让我为您唱首歌吧，这是我一直以来的心愿……”听着听着，我就哭了……

就这样，我抽泣着醒来了。后来，我又迷迷糊糊地睡着了，进入了另一个梦境。

梦境一开始，就是梦女对自我身份的暗示，“我是一个男仆，在逃亡的飞机上伺候着我的主人，还有他的兄弟和情人。飞机上有一大堆钱”。梦女觉得自己的身份很卑微。这里再次提到了钱，说明了钱在这个事件中的重要性。接下来的梦境，讲的是别人在梦女、钱和其他事物之间的选择——梦女被抛弃了。这表达了梦女对生小孩这件事情的感受。一方面，她觉得自己的身份卑微，在这件事情上没有什么发言权；另一方面，男友不让她把小孩生下来，更说明了自己的身份卑微。而且，在梦女心中，男友似乎把钱和其他东西看得比她更重要，在关键时刻，他会舍弃她。

不过，从梦女的叙述中，我了解到了，梦女的男友其实并没有舍弃她。男友除了在是否应该把小孩生下来这件事情上比较坚决以外，对她还是十分关心的。而且，他在金钱上也很大方，给她找了最好的医院，让她做最好的无痛人流手术，还给她买营养品。但是，梦女的心中仍然有一种强烈的自怜感。人在脆弱的时候，都会把这种感觉放大，所以梦境中会出现生死存亡的选择和舍弃。

接下来的梦境很有意思。兄弟和情人两个角色的出现，在梦境中显得有些突兀。梦女在与我交流的过程中，并没有提过其他的。因此，我们可以这样理解，这两个人实际上是梦女假想出来的敌人。兄弟代表梦女的男友，她认为兄弟奸诈残忍、唯利是图，实际上表达了她对男友处理人流这件事情的不满，这是她在潜意识中对男友的敌视。

还有一种理解方式，那就是梦女对自己潜意识中的不良想法的否定。这句话的意思是说，梦女可能在潜意识中就这件事情进行过博弈，但是，她又觉得自己的想法不对，觉得自己这样想就是奸诈残忍、唯利是图，最后她否定了这种想法。其实，这是一种正常的压抑机制。所以，在梦境中，她把这种想法投射到一个凭空想象出来的兄弟身上，然后对他进行批判。实际上，这是理性对自己潜意识的压抑和否定。

不过，这种解释还是没有得到梦女的认可。我们每个人都不会认为自己的内心深处是恶的。事实上，我们的内心深处比我们想象的还要恶。但是，这并不意味着现实生活中的我们就一定很坏，因为我们是文明社会中的文明人。而梦女也是这么想的。

女人的出现应该不是一种特指，因为梦女在与我沟通的过程中，没有提到过一个女人。这可能是一种暗指，指向男友的妻子；也有可能是一种泛指，是梦女为了衬托自己对男友的好，而设定的一个假想敌。梦女想向男友表达这样的意图：其他女人对你都是有所企图的，是想要你的钱，而只有我对你是真心的。我不在乎这一切，也不在乎钱，我愿意牺牲我自己，因为我是真心爱你的。

接下来的梦境，再次延续了梦女的这种心理表白。梦女创造了主人十分宠爱的小宠物，它长得像“长江七号”一样可爱。梦女希望以此来挽回主人的心，表达自己对主人的一片痴情。最后，它对他说：“主人啊，让我为您唱首歌吧，这是我一直以来的心愿……”每个人看到这一段，都会很感动的。难怪梦女会从梦境中哭醒。

通过梦境三，我们看到了梦女是一个感情细腻、充满想象力的女人。梦境中的很多情节和人物，非常适合表达她想要表达的主题。另外，我们还看到了梦女矛盾而又复杂的心理。一方面，她对男友的决定非常不满；另一方面，她又对男友非常依恋，不愿意失去他。当然，也不排除梦女潜意识中的杂念。在现在这个浮躁的社会中，产生这样的杂念是很正常的。不过，梦女最后还是打消了这种杂念，没有做出用身体交换利益、让自己失去自尊的事情。

总体来说，整个梦很有意思。一开始，有新生的小孩，让我们以为这是一个跟怀孕无关的梦。后来，我们才发现，这个纷乱的梦境表达的竟然是梦女怀孕之后的内心冲突，表达了她在面对婚外恋和婚外孕时的矛盾心理——道义（帮派）、利益（珠宝）、情感（宠物）以及恐惧（刀叉）之间的冲突。

3. 梦的连续剧——暧昧事件困局

有些事情，当你遭遇时，你认为自己已经释怀了，你认为自己不会在意，然后就一笑而过了。然而，你是真的不在意吗？不是，这种怨恨积压在你的内心，令你的心情难以平复。但是，你却不知道是什么原因令你坐立不安，甚至寝食难安。

一般而言，这种情况，你是很难找到原因的。幸亏有梦境，因为梦不会撒谎，它会将你的内心呈现出来，告诉你它所受的苦难和它的不满。如果你读不懂梦境，就会失去一个了解自己和理解自己的机会，同时也会失去一个认识和掌控自己的潜意识的良机。

一位梦女说她一连七天晚上都做了梦，而且所有的梦都是有连续性的，就像一个完整的电视连续剧一样。有趣吧，下面是她的叙述。

第一天的梦，我就记得一个开头。我梦到自己和男朋友出去玩。到了一个地方，不是城市，而是一个乡村，给人一种很古朴、很温馨的感觉。接待我们的老板个子比较高，像个庄稼汉。他戴着枣红色的头巾，还穿着围裙。他说我们可以随便吃，随便玩，需要什么，吩咐他就可以了。接着，我们去了住的地方，是个平房，很偏僻，也很安静。屋子周围都没有灯。屋子的门是用很结实的木头做成的，上面刚刷过一层深绿色的漆。门槛有点高。屋子里面很大，摆着常用的家电，显得很空旷……

第二天的梦，我不记得了。

第三天的梦是这样的：我很好奇，究竟是谁给我们安排了这一切，却又不透露自己的姓名。然后，我就去那家店找老板，一定要问个清楚，顺便再感谢一下人家。我发现老板做了很多非常美味的蛋糕。老板问我是不是饿了。我吃了好几块，还问他怎么知道我喜欢吃甜食。他说是安排我们旅程的人告诉他的。我问他那人是谁。他说他也不知道那人的姓名，只是那人每天都会不定时地来这里。我就一边吃蛋糕，一边等着那人。等到太阳下山了，我也没有见到他，于是我就非常扫兴地回家了。

第四天的梦是这样的：一大早，我又跑到老板店里。老板说昨天我刚走，那人就来了，还吩咐他做水煮肉片和水煮鱼给我吃，然后就走了。我就在想，这个人是不是故意躲着我，不肯见我呢？我正在吃水煮肉片的时候，突然来了一群人，他们高大威猛，一脸凶相。这一群人是专门来找老板碴儿的，说老板不给他们做吃的……当时，我很生气，想跟他们理论。老板挡在我前面，赔着笑脸说："有人已经包了这里了。"那几个壮汉很不爽，说老板骗他们。老板就说："你们出门看一下就知道了。"他们出门看了之后，就叫喊着逃跑了。我很好奇到底是怎么回事儿。后来，太阳下山了，我就回家了。在路上，我听一些大妈说，摆平这件事的人是为我安排旅程的那个人。我觉得很开心，很感激他，心想，一定要谢谢人家。于是，我就赶紧往回走，准备将这件事情告诉我男朋友。

第五天的梦是这样的：上午，我又去了那家店。老板给了我一张购物券，说我想买什么都可以。我又问老板，那人为什么还不见我。老板说，还没到时候。我就问，这么偏僻的地方，有可以用购物券的超市吗？老板一边笑，一边打开了店的后门。我进去后，发现是一个特别大的超市，很多人在买东西。我转了一圈，想了想，觉得自己不需要买什么东西。家里的冰箱和烤箱都有，没啥需要的。同时也不需要买菜，因为可以去老板那里吃饭。我觉得这个购物券没什么特别的用处，就买了几件衣服。然后，我就回家了。我觉得很累，准备和男朋友睡觉。

正在我脱衣服的时候，突然来了一群大妈和老太太，她们拿着老式的菜篮，里面有油菜和芹菜。我很纳闷，心想这些人怎么回事儿。我用被子遮住身体，然后问她们怎么可以随意进别人家呢。那群人好像没听见我讲话，而是在讨论我住的地方装修得怎么样，家具怎么样，可以卖多少钱，还说我家的家电跟村里谁家的一样。我很生气，就穿好睡衣，让我男朋友赶她们走。我男朋友喊了几句，没有作用。后来，那些人慢慢变小了，也走远了。我心想终于能睡个好觉了，还特意去看了一下，看门有没有锁好，怕她们再进来。我走到门跟前，发现深绿色的门上没有锁，只有把手和插销。我觉得自己很搞笑，没有锁，怎么锁门？我也没有插上插销，我觉得她们不会再来了。

第六天的梦，我都不记得了。

第七天的梦是这样的：早上，露水还没有下去，我就急匆匆地跑到店里，正好看见一个穿黑衣服的人正在和老板聊天。然后，我就去问他是不是那个默默帮助我的人。他说是，还说这是我应该得到的享受。我觉得很奇怪，因为我什么都没做啊。于是，我还想继续问他。他说他还有别的事情要忙，叫我在老板这里吃完东西，一会儿再去找他。他走以后，老板就做了关东煮，有很多青菜，让我涮着吃。老板说这是我待在这里的最后一天了。我问为什么。老板说我是时候该离开这里了。接着，我就跑去找那个人。其实，我不知道他在哪里，但又好像知道，就一直跑着，想去问他为什么突然要我离开这里。

一路上，我见了很多奇怪的人。一群女人只穿了内衣裤。我觉得很尴尬，心想女孩子怎么能这样上街呢。她们的头发染成了各种颜色，都很蓬乱。她们觉得这样很有范，而且姿态懒散地走着。有的人戴了很多首饰，有的人背着名牌包包，有的人化了很浓的妆，有的人穿着鞋，有的人光着脚，有的人穿着艳丽的薄裙。最前面的女孩把头发染成了绿色。我很吃惊，怎么会有绿色的头发呢？她穿着一双白色帆布鞋，却配了两只颜色不同的条纹袜，上身什么也没穿，戴着墨镜，嚼着口香糖，在那儿玩自拍。突然，旁边有个人跟我说，那叫个性，每个人的着装代表了自己的个性，有一天我也会这样。我就回答，我才不要光着身子在街上走呢。接着，我就往前跑。那个女人想拉住我。可我跑掉了。然后，我被几个光着身子的男人给拦住了，让我陪他们喝酒。我很生气，三两下就把他们打倒了，继续往前跑……

我遇上了一个满手戴着各种颜色的钻石的胖子。他说，只要我亲一下他，想要多少钱都可以。我看到他满脸横肉、全身臃肿，觉得很恶心，就说你找错人了。我喊住前面一群非常妖娆的女人。她们很快就跑过来了，将胖子围了起来。

我又接着往前跑。我看到一个年轻的帅哥什么都没穿，也没有戴任何首饰。他双手叉腰，问一个女人，他是不是世界上最帅的人？我从旁边跑过去，说了句“人妖”。帅哥突然坐在地上哭了起来。那个女人便开始安慰他。

后来，我在一个卖风车的小摊上找到了我的“恩人”。他问我是不是准备好了。我说东西都没收拾呢。他说不需要收拾东西，今天是我在这个世界上的最后一天了。我就问他为什么，凡事总要有个前因后果嘛。他没有正面回答我，只是说我这几天的经历都是我在那个世界的缩影，而我刚才看到的那些人都是我认识的人。然后，他又说，人这一生很短暂，可是很多人却把精力放在了一些无足轻重的事情上，他们太在意这些事情了。当年华老去时，一定会后悔的。

接着，他又说，你在这里待了七天，也该回到你自己的世界里了。我告诉他，我不想走。他说这个他不能决定，然后让我去找我的一个男同事。这时候，周围一片雪白，只剩下我们两个人了。我问他，我该去哪里找我的同事。他说，只要找到卖糖葫芦的地方，就可以找到了。我问他叫什么名字。他说自己叫 1.96，还说如果我再不去的话，就没有机会了。

突然，我所在的地方变成了闹市。我转过身，就看不到 1.96 了。后来，我跑了好久，终于找到了我的男同事。我求他不要让我离开这个地方。我搂住他的脖子，使劲地晃他。男同事一脸的茫然。之后，整个世界静止了。我看到1.96半透明地进入男同事的身体。他背着我，让我抓紧了，然后就跑了起来。旁边的人影渐渐模糊了，只剩下一道道的白光。他跑得很快……我看见前方有个黑洞。1.96跟我说，不要忘了这七天的事情，回去后要好好生活。

我哭着说，我不要离开这里，1.96不要丢下我。黑洞越来越大，我眼前一片漆黑……我听见男朋友一直在叫我，才意识到自己醒了。他说我的哭喊声把他吓坏了。这就是所有的梦。我醒来后，觉得挺悲伤的。我跟1.96相处的时间太短了，而且我一开始就没有察觉到他的良苦用心，都怪自己反应太慢。后来一想，觉得1.96其实就是我自己，是不是这样呢?

复杂吧。看完这个比电视剧还要曲折精彩的梦境，你有什么感觉呢?除了对梦女的造梦能力表示惊奇和敬佩之外，我估计你很难说出其他什么话来。

说句实话，我看完这个梦境之后，也有类似的感觉。不过，我还是心中有数的。为了证实我内心的哥德巴赫猜想，我与梦女进行了沟通。

梦侦探

说说你的理解吧。

梦女

关于这个梦，一开始，我觉得莫名其妙，最后一天，我才明白了。我的理解就是，我太执著于一些无关紧要的事情，因而弄得自己心情很差，所以就做了这个梦，也算是一种自我调节吧。

梦侦探

梦境与你的现实生活有什么联系吗?

梦女

大概是“1.96”这个数字。其实，1.96是我家附近的一条小街。不过，梦里比现实更宽敞。其他的，我就不知道了。

梦侦探

在梦里，1.96是一个什么样的人？说说你跟他的事情。

梦女

没有什么特别的呀。在梦里，我跟他的交集只有那些，而且我不大了解他。他穿着一件黑色棉衣，就是大街上很容易看到的男士棉衣。个子不高，皮肤很黑，小眼睛，但总是笑眯眯的。

梦侦探

能不能介绍一下你自己的情况？

梦女

我二十二岁，上了三年大学就退学工作了。现在，我在北京一家游戏公司做运营，算是北漂吧。我在北京有亲戚，但是不太亲，所以不怎么来往。因为我家离北京比较远，所以很少回家。

梦侦探

梦中的男朋友是你现在的男朋友吗？

梦女

是，其实也不算男朋友，我俩类似于忤伴侣，但是也有感情，平时跟男女朋友一样相处。在周围人眼里，我就是他女朋友。我们的同事和家人都不知道我们的关系。

梦侦探

你平时喜欢做些什么事？

梦女

看动画片、写东西、网购、听歌、玩游戏，我是个宅女。

梦侦探

你最喜欢什么动画？常写一些什么东西？

梦女

《名侦探柯南》、《死神》、《滑头鬼之孙》、《海贼王》等，写的东西都是在表达自己的心情，乱七八糟瞎想的，小说片段什么的。

梦侦探

你最近写的东西跟梦境有关吗？

梦女

没有关系。我最近写的都是新闻，没有其他的。

梦侦探

你能想到与1.96有关的事情吗？我是要你想想这个数字的由来。

梦女

想不到啊。我醒来后，还去网上搜1.96，可是没搜到什么。我也不知道啊。

梦侦探

梦中的情色情节，你怎么看？

梦女

就是觉得那个男人在炫耀自己的阳物，然后所有的女人都趋之若鹜。

梦侦探

你觉得这个梦是在暗示你不要执著于无关紧要的事情，是指哪些事情？

梦女

比如，我男朋友跟某个妞很亲密。虽然我俩以后是不可能在一起的，但我还是不喜欢他跟那个妞有暧昧关系。我觉得，对我来说，工作更重要，总有一天，我会再找男朋友的，不必纠结于此，所以觉得这是一件无关紧要的事情。

梦侦探

能不能把这件事情说得详细一点。

梦女

那个妞是上海人，还在上学，她不知道我跟我男朋友的关系。我认识那个妞。他俩去泰山玩，回来之后，他就在微博上晒他们的幸福。之前，他们还去过江苏，他们又住在同一个房间里。为此，我很生气，想要跟他分手，从此以后再也不见面了。可是，他后来又回来了。

那几天，我没给过他好脸，也吵过几次，骂他是贱男，搞得我心情很不好。最近，我工作很忙，觉得因为这种事情而影响工作，很不值得。

梦侦探

你男朋友是不是有点自恋，总觉得自己很帅，还时不时地炫耀自己的性能力？

梦女

这个还真没有。他不炫耀，自恋就更谈不上了。

梦侦探

他是不是有点胖？

梦女

不是，很瘦。

梦侦探

你跟他在一起，最看中他什么？

梦女

他人品好，学识高，也有诚信。我俩能谈得来。同时，他很会处理事情，又很照顾我，并且还很孝顺。

梦侦探

他是有妇之夫？

梦女

不是。单身，未婚。

梦侦探

为什么你会觉得1.96是你自己呢？

梦女

因为我觉得无论什么时候，只有自己才能救自己，什么都得靠自己。做这种梦，难道不是自我救赎吗？

梦侦探

是的。做梦这一周里，你白天有没有想这些梦？

梦女

没有在意啊。我那阵子很忙，根本没有时间考虑这些。

梦侦探

可是，你每天都记录了梦境啊。

梦女

这只是个习惯，我还记录了很多奇怪的梦。

梦侦探

你会不会记录完之后，又想了一些事情，然后晚上接着做梦呢？

梦女

会吗？我觉得，有的时候刻意去想这些梦，是不会连着做的。而且，我那几天很累，洗完澡倒头就睡了。

梦侦探

你能不能把你曾经做过的奇怪的梦发给我看看，最好再发一个你最近写的小说片段。

梦女

好的。

解梦到此就结束了。其实，梦女不用再给我发资料了。关于这个梦，我基本上有数了。

首先，这是一个白日梦与夜晚的梦混杂在一起的梦。虽然梦女不承认，但是我们必须知道的是，没有一个梦可以衔接得这么好。一个人只有在处于白日梦的状态时，才可能做出如此衔接紧密的梦。因此，我们可以这样理解，这个梦其实是梦女白天对某件事情的思考，在夜晚浅睡时重现了。也就是说，即使这些梦是梦女在夜晚睡觉时所做的，那也是因为她的大脑过于兴奋，处于一种似睡非睡的浅睡眠状态，用意识来干扰梦境，从而制造出这样一系列梦境。

其次，这个梦源于梦女的男朋友与另一个女孩的暧昧关系。虽然梦女表面上对这一暧昧关系不在乎，但是通过梦境的情节来看，这一事件对梦女的刺激很大。她在后面所做的乱七八糟的梦境，都与此有关。而这个梦就是梦女在这一刺激下的反思结果。

再次，整个梦境掺杂了梦女喜欢的动漫之类的情节和自由联想，以及梦女曾经写过的小说片段的联想，因而变得扑朔迷离。面对这种情况，我想，即使弗洛伊德再世，恐怕也束手无策。更何况，梦女并不愿意提供更多的信息。或许，她不是有意这样做的，因为这些都是她无意识的行为。

在对梦境做出这种基本判断之后，我将整个梦境分成了三段：

第一段，从第一天开始，一直到第五天的上半段梦境。这一段梦境讲的是梦女的男朋友是如何对她好的。当我要梦女描述她的男朋友时，梦女的描述出乎我的意料，说“他人品好，学识高，也有诚信。我俩能谈得来。同时，他很会处理事情，又很照顾我，并且还很孝顺”。这就是梦女对男朋友的肯定，就如同梦境中的那个神秘人一样，很会照顾人，把一切都安排得很妥当，而且隐而不露。

第二段，从第五天的下半段梦境，即“正在我脱衣服的时候，突然来了一群大妈和老太太”开始，一直到第七天的“我又接着往前跑。我看到一个年轻的帅哥什么都没穿，也没有戴任何首饰。他双手叉腰，问一个女人，他是不是世界上最帅的？我从旁边跑过去，说了句‘人妖’。帅哥突然坐在地上哭了起来。那个女人便开始安慰他”。这段梦境表达的是梦女对男朋友的暧昧事件的反应。梦女将那个女孩当成老土的老太太，责怪她闯进自己与男朋友的领地。还将她比成风尘女子，说她趋炎附势，只要给钱，什么都干。然后，梦女还丑化男朋友，将他比成一个满脸横肉、全身臃肿的胖子，一个长得很帅，却是人妖的帅哥。这些情节的描述，充分表达了梦女对男朋友的矛盾心理和怨恨心理。

第三段就是最后的梦境。正如梦女所说，“我的理解就是，我太执著于一些无关紧要的事情，因而弄得自己心情很差，所以就做了这个梦，也算是一种自我调节吧”、“因为我觉得无论什么时候，只有自己才能救自己，什么都得靠自己。做这种梦，难道不是自我救赎吗”。这是梦女的一种自省和反思，并且最终获得了释怀和升华，“他没有正面回答我，只是说我这几天的经历都是我在那个世界的缩影，而我刚才看到的那些人都是我认识的人。然后，他又说，人这一生很短暂，可是很多人却把精力放在了一些无足轻重的事情上，他们太在意这些事情了。当年华老去时，定会后悔的”、“1.96 跟我说，不要忘了这七天的事情，回去后要好好生活”。

这就是这个梦境所反映出来的内容。虽然梦境很复杂，并且掺杂了梦女很多幻想和白日梦，但是这个梦的主题还是很清晰的——充分反映了梦女对男朋友的暧昧事件的怨恨以及她内心的矛盾冲突。

不过，我们很高兴地看到，梦女的思维并没有停留在原地，而是对未来充满了希望，并让自己摆脱了这种怨恨，勇敢地去面对生活。

4. 隐秘的地下情：一半是海水，一半是火焰

什么是地下情？地下情就是不能公开的恋情。为什么不能公开？因为有难言之隐。难言之隐又是从何而来？来源于社会规则和压力。这样说来，地下情到底算不算一种爱情？应该说，地下情比其他任何爱情都要浓烈，因为地下情所处的环境非常恶劣。一个人需要足够大的勇气，才能开始一段地下情。由此可见，地下情所蕴涵的激情和能量是多么巨大！

当人们拥有一段地下情时，会有怎样的心理状态呢？下面，我通过四个梦例，向大家展示一下人们面对地下情时的各种心理状态。

A. 情侣表——仰慕之情

很多地下情都源于仰慕。下面是梦女在情人节做的一个梦。在梦中，梦女将自己的仰慕之情表达得淋漓尽致。梦境如下：

梦女梦到自己和上司的儿子一起去看电影。他们在大厅里坐着玩耍，似乎是在等待电影放映。上司的儿子既活泼又可爱，他在大厅里到处乱跑。梦女特别喜欢他。然后，他拿出一对粉红色的情侣表，一大一小，上面镶满了钻石。梦女觉得很漂亮。他想把那块较大的手表给梦女戴上，自己戴那块小的。这时，梦女告诉他，自己好舍不得戴它呀，这上面有很漂亮的钻石，如果戴在手上，弄丢了怎么办？

这么一个短小的梦境，表达了什么呢？梦女为什么会在情人节跟上司的儿子一起去看电影呢？而且，他们还戴着镶满钻石的情侣表。不用说，这个梦境是一个典型的“愿望达成之梦”。梦女仰慕上司，希望自己能够跟他一起过情人节。于是，情人节的当晚，她便做了这样一个具有替代意

义的愿望达成之梦。在梦境中，上司的儿子即是上司。最后，梦女舍不得戴那块表，说明了梦女对这种关系的珍惜和不确定。弄丢了，则意味着没有这种关系了，这让梦女很担忧。为了不让这种关系结束，梦女宁愿这种关系不发生，只要自己在内心深处默默地暗恋着上司就行。

B. 地下室——隐秘的喜悦

地下情在刚开始的时候，双方都会处于一种隐秘的喜悦状态。下面这个梦就表达了梦女的这种情绪。

周君请我到她家里去玩。我心情还可以，就去了。当我到的时候，看到周君还是平常的打扮，扎个辫子。然后，她放下头发，要我看她的新发型——头发里面很长，外面一层被剪短了。我说挺好的。她老公在地下室里迎接我们。地下室有点大，装修得很温馨，整个屋子都被小碎花点缀着，属于家园型的。我们一起在里面走了一圈，屋子看起来很不错。后来，我们三人便去花园聊天了……

同样是很短的梦境，这个梦又表达了什么呢？我们来看，这个梦有几个关键的地方。

第一，梦里提到头发，说里面很长，外面被剪短了。这是什么意思呢？俗话说："要面子没里子，要里子没面子，想面子里子都要，难啊。"周君的头发，外面被剪短了，是说表面受约束了，这是一种面子上的缺失；里面很长，表明其实只是面子受损，里子还是完好无损的。也就是说，最终还是得到实惠了。周君的这个新发型受到了梦女的赞赏，说明周君其实是梦女的自我投射，这是梦女在进行自我表扬，表明自己掩饰得很成功。

那么，是什么东西掩饰得很成功呢？我们来看梦境中的第二个关键点。

第二个关键点是地下室。地下室意味着什么？意味着地下情或者秘密。

在梦境中，周君的老公正是在地下室里迎接梦女的。这样一来，就真相大白了。梦女正处在一段婚外恋之中，并正在和一个有妇之夫交往，因为在地下室里迎接梦女的是她人（周君）的老公。当然，在现实生活中，梦女的外遇并不是周君的老公。

那么，这段地下情带给梦女什么样的体验呢？我们来看第三个关键点。

第三个关键点是地下室的装修。地下室虽然看起来有点大，但是装修得很温馨，整个屋子都被小碎花点缀着，属于家园型的，看起来很不错。这一段梦境表达的是，梦女的内心虽然很空虚（地下室有点大），但是她对这段地下情仍然充满着期待，希望这段感情能够带给自己家园般的温暖，给自己一种安全感。

这就是整个梦境反映出来的主题。

C. 内裤——担心秘密泄露

地下恋人在交往过程中，一定遇到过很多有惊无险的情况。每当这种时候，当事人一定会担心秘密泄露。下面这个梦就表达了这样一种心理。

我梦到自己跟一个一直追求我的中学同学在一起玩。我们坐在家里的沙发上。天气并不热，但是，他却穿着一条内裤。我并不在乎他，也就没有在意他的穿着，只是觉得这样似乎不太妥。这时，妈妈突然走了进来，发现他竟然穿着内裤跟我坐在一起。于是，妈妈非常生气，指责他成何体统，并命令他出去。当他悻然离去时，我发现他竟然处于勃起状态，因为我清楚地看到他的内裤向外凸出。母亲当然也看到了，大发雷霆。当时，我也觉得他这样十分恶心。

还是一个很短的梦境。梦女说，梦境中的小男生确有其人，而且一直在追求自己，但是自己不喜欢他。当天晚上，两人在QQ上简单聊了两句，他并没有说什么令人生厌的话。然后，梦女就下线睡觉了。

这究竟是一个什么样的梦呢？这个梦是由小男生引起的吗？显然不是，因为梦女当晚与小男生只简单聊了几句，并没有涉及爱与性的话题。那么，为什么会出现这样的梦境呢？小男生在梦境中一定是被当成道具了。

我们看到，梦境的核心情节是小男生勃起时，令梦女很尴尬，并且还被母亲看到了，导致梦女颜面尽失。我们知道，母亲在梦境中往往代表自己的超我，这说明某件令自己很尴尬的事情发生了，而内裤象征着一件很私密的事情，在内裤下勃起，则意味着私密的事情有可能曝光了。

分析到这里，梦境就真相大白了。

原来，梦女跟同事们在一起聊天，其中有自己的地下情人。大家在聊天时，似乎都有意无意地将她跟她的情人扯到一块，而这令梦女十分紧张，生怕事情败露，让自己无脸见人。这就是当天的情形。

D. 献殷勤——爱的补偿

地下情中的当事人越快乐，就越有负疚感。下面这个梦境就表达了这种情感。

梦女梦到自己跟地下情人在一个仓库里幽会。正当两人激情四射时，却被人撞到了。那个人正是地下情人的妻子。于是，他就被妻子关了起来。这时，梦境中出现了他们的孩子。梦女为了让他的妻子能够将他放出来，便拼命讨好他们的孩子，希望通过这种献殷勤的方式，来获得他妻子的谅解，从而感动他妻子。这一招似乎奏效了，情人的妻子终于平静下来，并且决定将他放出来。

还是一个很短的梦境。这一梦境的主题比较明显，梦女与地下情人幽会，然后被撞到了。为了补偿，梦女努力讨好他们的孩子。然后，事情便被化解了。这表达的是一种补偿心理。那么，事实是什么呢？

原来，并没有发生幽会被撞到的事情。只是前不久，地下情人带梦女出国潇洒了一回，而他从来没有带着自己的老婆孩子出国旅游过——这就是整个梦境的渊源。梦女有一种内疚心理，于是通过梦境进行补偿，从而使自己释怀。